亲子趣味运动游戏

陪孩子玩出好身体

适合 **3~6**岁 儿童开展

姜天赐 / 编

人民邮电出版社

北京

图书在版编目（CIP）数据

亲子趣味运动游戏：陪孩子玩出好身体 / 姜天赐编
. -- 北京 ：人民邮电出版社，2023.4
　ISBN 978-7-115-58309-3

Ⅰ.①亲… Ⅱ.①姜… Ⅲ.①体育游戏-学前教育-
教学参考资料 Ⅳ.①G613.7

中国版本图书馆CIP数据核字（2021）第262833号

免 责 声 明

作者和出版商都已尽可能确保本书技术上的准确性以及合理性，并特别声明，不会
承担由于使用本出版物中的材料而遭受的任何损伤所直接或间接产生的与个人或团体
相关的一切责任、损失或风险。

内 容 提 要

养成坚持运动的好习惯，对孩子来讲是一件受益终身的事情。在孩子3～6岁的成长
阶段开展一些简单的体育运动，对培养他们的运动兴趣至关重要。本书提供了适合3～6
岁孩子进行的运动游戏，以帮助孩子提升身体素质、培养运动兴趣。家长带孩子完成这
些游戏，不仅可以帮助孩子提高运动能力，还可以增进亲子关系，保持良好的家庭氛围，
从而促进孩子的健康成长。本书适合3～6岁孩子的家长、幼儿园老师以及儿童体能训练
师阅读。

◆ 编　　　　姜天赐
　责任编辑　林振英
　责任印制　彭志环
◆ 人民邮电出版社出版发行　　北京市丰台区成寿寺路11号
　邮编 100164　电子邮件 315@ptpress.com.cn
　网址 https://www.ptpress.com.cn
　北京盛通印刷股份有限公司印刷
◆ 开本：700×1000 1/16
　印张：7　　　　　　　　　2023年4月第1版
　字数：132千字　　　　　　2023年4月北京第1次印刷

定价：39.80元

读者服务热线：(010)81055296　印装质量热线：(010)81055316
反盗版热线：(010)81055315
广告经营许可证：京东市监广登字 20170147号

编者简介

　　姜天赐，中国儿童中心教育活动部副部长，主要从事主题教育活动的策划与实施，以及大众体能训练活动组织方法的研究和倡导；策划并组织了中国儿童中心"六一"游园、"阳光体育之星"等大型主题活动；策划并组织"童心抗疫 守望相伴"特别行动、"携手过六一 有鄂也有你"等大型线上活动；长期从事儿童兴趣培养与体能、健康方面的应用性研究；主持《体育活动与儿童健康体质的探讨》《浅析体育展演活动的策划与实施》等课题；参与《游泳》《健美操》等儿童体育活动指导丛书的编写；译作有《儿童青少年团队建设活动指南——通过体能挑战提升团队凝聚力（第2版）》。

写给家长的话

家长经常为如何发现孩子的兴趣点而困惑，其实培养孩子的兴趣点可以从亲子运动游戏开始。与孩子一起做一些有趣的运动游戏，可以吸引孩子的注意力；在激发孩子兴趣的同时，能使孩子在充满欢乐的氛围中不断克服困难；还可以培养孩子勇敢、自信的品质与合作精神。家长有意识地培养孩子的运动习惯，不仅能帮助孩子强健体魄，还能够帮助孩子增强自信心，培养儿童的健康体格和健康人格。

要让孩子养成运动的好习惯，首先家长要爱运动、会运动，才能为孩子做好榜样。尤其是3～6岁的孩子，其身体各个系统与运动机能处于发育关键期，家长更应该有意识地培养孩子对运

动的兴趣，多陪孩子进行踢球、游泳、跑步等运动。在运动过程中，家长还要充分调动孩子的潜力，引导孩子主动探索，学会理解、尊重与接纳孩子的一些新奇的想法和做法。比如，玩一个游戏之前，家长准备好道具，可以先和孩子商讨怎么玩，以充分调动孩子的积极性和主动性，并且不管孩子提出的玩法有多么不可思议或其在运动中的具体表现如何，都不要轻易否定或打击，而是要让他自己在不断尝试中去感知和体验。只有这样，他才能逐渐成长为一个敢于尝试、热爱运动，并且能够面对挫折，接受成功或失败的孩子。

资源与支持

配套服务

扫描右侧二维码添加企业微信：

1. 即刻注册并领取小棋围棋AI课，包括12节围棋AI课、12集动画教学、经典习题训练和AI对弈实战。

2. 加入交流群。

3. 不定期获取更多图书、课程、讲座等知识服务产品信息，以及参与直播互动、在线答疑和与专业导师直接对话的机会。

目录 ★★★★★★★★★★★★★★★★★★★★

第 3 章　亲子趣味运动游戏　　　　　　　　27

第 1 章

儿童运动游戏前的准备

在开始运动游戏前，家长要让孩子在身体和心理两方面做好准备；在进行运动时，家长不但要注意孩子的安全，更要注意培养孩子的自信心和意志品质。

要点提示

安全第一

让孩子适当地进行运动游戏可以帮助其强身健体，但家长务必注意游戏的首要原则是"安全第一"，要让孩子在游戏的同时树立安全意识，注意自我保护。由于孩子的年龄较小，身体机能发育还不全面，他们的支撑能力、身体核心力量、平衡性等都较差，这在一定程度上限制了他们运动水平的发挥。因此家长应在确保场地安全的情况下，选择与孩子的运动能力水平相符的游戏，切忌让孩子在不能确保安全的环境下运动。

循序渐进

俗话说"冰冻三尺，非一日之寒"，运动亦是如此。亲子运动游戏是一项需要长期坚持的活动，应该有计划、有步骤地进行，不宜过度追求运动量，循序渐

进才能取得良好的效果。在游戏开始前，家长应和孩子一起进行一些热身活动；游戏开始时，应注意控制运动强度，待孩子身体适应后再逐步增大强度。如果孩子在运动时轻微出汗，运动后身体放松、睡眠质量提高，说明运动量较适宜，可以保持一段时间。同时，运动强度也应该由低到高，循序渐进。

营养与睡眠

充足的营养摄入是维持身体机能正常运转的基本条件，对于参加运动游戏的孩子来说更是如此。家长要注重营养搭配，不要让孩子在运动前或运动后暴饮暴食，要根据孩子的身体状况和运动强度合理安排饮食。此外，家长应保证孩子有充足的睡眠时间，这样才能让孩子保持良好的身体状态。

热身的意义

　　游戏前热身的目的是有针对性地活动身体关节、拉伸肌肉，有效降低孩子在游戏中受伤的风险。家长应在游戏开始前讲清游戏规则并强调安全的重要性，然后带领孩子进行热身。游戏开始前的热身与游戏规则讲解既可以满足孩子的好奇心，又可以为之后进行的游戏做好准备。

做好身体准备，预防运动损伤

　　孩子的身体从静息状态调整到运动状态需要一个转换的过程，如果游戏前不做热身活动，一旦突然做强度较大的运动，非常容易受伤。运动前适当进行热身活动可以提高孩子身体的血液循环速度，使体温升高，进而降低肌肉和韧带等的黏滞性，增加关节活动范围，从而有效预防运动损伤的发生。

调整心理状态，快速进入游戏状态

　　热身活动可以使孩子做好运动的心理准备、调整心理状态，使其能够高效、专注地完成接下来的游戏；同时也可以充分调动孩子的积极性和主动性。

全方位激活身体，提高锻炼效果

　　热身活动可以有效激活神经系统，加快氧气和营养物质的运输，保证能量代谢满足运动的需求，为身体多系统的协作创造条件，从而获得良好的锻炼效果。

注意事项

提前熟悉动作，及时调整难度

在游戏开始前，家长可以先做示范，教授动作要领，纠正孩子错误的动作，以免孩子扭伤或摔倒；也可以跟孩子一起进行游戏，让孩子观察自己的动作。在进行游戏时，家长要根据孩子的身体条件和完成情况，及时控制游戏节奏，调整游戏难度。

在游戏时要保持孩子良好的身体状态

游戏最好不要在饭后马上进行，应该至少安排在饭后半小时，以免造成孩子的身体产生不适。游戏时，家长要提醒孩子配合身体运动的节奏自然呼吸，保持呼吸与动作的协调，不要憋气，不要持续急促地呼吸。

时刻保护孩子，防止孩子受伤

在进行旋转、跳跃等比较危险的动作时，家长要在一旁保护孩子，以免孩子磕伤。如果孩子感觉头晕眼花，或者有任何其他不适，家长应该立即让孩子暂停游戏并休息。

注意游戏场地的安全性和布置的合理性

游戏场地要选择周围没有杂物的较大空地，家长要随时注意周边情况。在进行四肢爬行或者在平衡木上行走的游戏时，家长可以在地上铺上瑜伽垫，以防孩子磕伤。此外，如果不止一个孩子参与游戏，家长还要注意孩子之间保持安全距离，以免撞伤。

第 2 章

热身动作

正确的热身活动可以让身体逐步进入运动状态，孩子在热身不充分的情况下运动容易受伤，家长要让孩子从小养成运动前热身的好习惯。

快乐提踵

训练能力

平衡

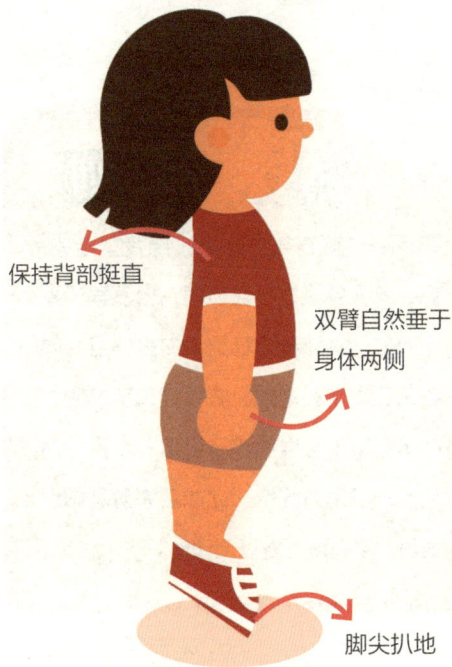

保持背部挺直

双臂自然垂于身体两侧

脚尖扒地

游戏规则

孩子在游戏中 身体直立，腹部向内收紧，眼睛平视前方，下巴向内微收，双臂自然垂于身体两侧。脚尖向下用力扒地，吸气的同时提起脚后跟，身体保持直立，到达最高处时尽可能停留2秒，再慢慢使脚后跟下落，下落时尽可能慢一些，不要追求速度而导致提踵幅度过小。

要点提示

01 刚开始练习时，孩子可先在平地练习提踵，不需要提得过高，以保持身体稳定为重点。

02 家长可以轻扶孩子进行练习，或让孩子扶着墙进行练习，这样孩子可以有稳定的支撑点。

03 家长提醒孩子身体尽量不要晃动，以时刻保持身体重心稳定。

游戏变化

家长可以带孩子在台阶上进行练习，脚后跟悬于台阶外，利用台阶的落差进行练习，控制脚后跟不要低于台阶水平面。

无敌侧踢

训练能力

柔韧   平衡

手臂随着腿部摆出

腿部始终伸直

重心在支撑腿上

游 戏 规 则

孩子在游戏中 身体保持站立姿势，腹部向内收紧，手臂微屈，自然垂于身体两侧。保持身体稳定，右腿伸直并向右侧踢出至最高点，右臂随着腿部向右摆出。家长可以给孩子设定一个目标高度，孩子用力侧踢。完成后恢复至站立姿势，换左腿重复以上动作。

游戏变化

家长可以给孩子设定一个高度，如用手举着孩子喜欢的玩具，如果孩子踢到玩具就把它送给孩子。家长可以试着让孩子通过练习，逐渐踢得更高。这样可以锻炼孩子的大腿肌肉，增强其柔韧性和平衡性。

要点提示

01 刚开始练习侧踢时，不需踢得过高，应以保持身体稳定为主，防止摔倒。但这时仍要保持腿部伸直，下巴微收，目视前方。

02 腿下落时也要控制速度，防止下落速度过快使身体摇晃甚至摔倒。

长高踮脚走

双臂自然前后摆动，
保持身体平衡

背部保持挺直

踝关节绷直，小腿发力

训练能力

走跑　　平衡

游戏规则

孩子在游戏中　踮起脚尖，用前脚掌撑地，在空地上向前行走，手臂随着步伐前后自然摆动，脚后跟全程都不能接触地面。在游戏过程中，孩子要尽力保持身体平衡，如果中途脚后跟落地，则应重新开始游戏。

要点提示

01 踮脚走时，应保持踝关节用力绷紧，小腿发力，这样才能更好地保持平衡，防止崴脚。

02 刚开始时，踮脚走的速度不宜太快，家长应该根据孩子的实际情况帮助孩子控制速度，使其由慢至快。

03 双臂前后摆动的动作要自然，以保持身体平衡。

04 刚开始时，踮脚走的步伐不宜过大，以保持身体稳定为首要目标。待熟练掌握动作要领后，再逐渐加大步伐。

游戏变化

家长可以让孩子保持踮脚站立这个姿势一定的时间，然后再开始训练。在孩子熟练掌握踮脚走的动作后，家长可以设置"S"形的路线或者将游戏路线变为折返走；也可以让孩子在踮脚走的过程中弯腰捡起地上的物品。

节律踏步

训练能力

走跑　平衡

背部保持挺直

大腿自然抬起

双臂自然前后摆动，
保持身体平衡

要点提示

01 游戏过程中保持身体平衡。

02 在游戏过程中，抬腿速度不要过快。家长可以跟着孩子一起踏步，以帮助孩子找到合适的节奏，防止绊倒或崴脚。

03 踏步落地时注意不要过分用力。

游 戏 规 则

孩子在游戏中　在平地上站好后，做高抬腿动作，使一侧脚完全离开地面。双腿交替抬起，手臂也要随着踏步的节奏前后摆动。游戏过程中，尽量保持背部挺直，眼睛平视前方，并且应保证在完成动作之后，还站在原地。

游戏变化

在孩子熟练掌握节奏后，家长可以适当增大运动强度，如要求孩子加快原地踏步的速度、延长踏步持续时间、增加抬腿的高度等。

转圈跳

平衡　　跳跃

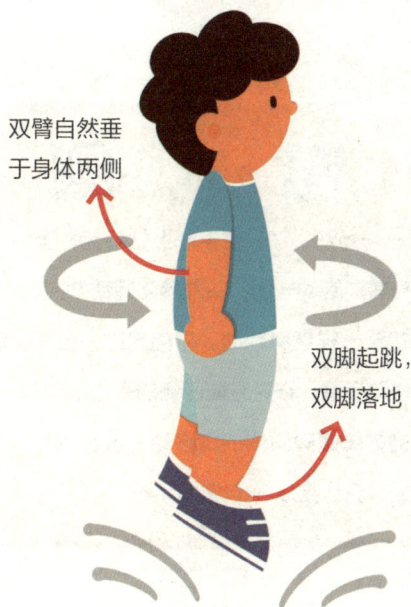

双臂自然垂于身体两侧

双脚起跳，双脚落地

游戏规则

孩子在游戏中　向上跳起，双脚同时离地。在跳起的同时旋转身体，并且连续做这个动作。家长可以与孩子一起做这个游戏，多次起跳，看谁先转满3圈或5圈。家长和孩子也可以向同一方向起跳并转圈，只起跳一次，看看谁落地后旋转的角度更大。

要点提示

01 起跳时双膝微屈，双脚同时起跳，身体在空中旋转，双脚同时落地，努力保持身体平衡。家长也要注意在旁边保护好孩子，同时给予其适当的鼓励。

02 转圈跳时，身体要自然挺直，但不要过于紧绷而导致动作不协调。

03 开始时跳跃和旋转的速度不要太快，掌握动作后再适当加快速度，以免摔倒。

04 刚开始学习这个动作时，注意不要跳得过高。等掌握运动模式后，再加大跳跃高度和旋转角度。

05 每次落地时要注意适当地屈膝缓冲，双臂配合摆动。

游戏变化

在孩子熟练掌握节奏并且可以熟练完成动作后，家长可以要求孩子适当加快旋转的速度、增加跳跃的高度等。在孩子进行转圈跳时，家长还可以要求孩子加上拍手的动作，以增强孩子的平衡性；也可以给孩子一个节拍，让孩子按节拍进行转圈跳。

横向跑

训练能力

走跑　平衡

双臂自然摆动，保持身体平衡

游戏规则

孩子在游戏中　在平地上站好后，上半身转向跑动一侧，头部转向跑动方向，像螃蟹一样横向跑动。横向跑时，自然地摆动手臂。行进方向同侧的脚迈出后，对侧的脚跟随同侧的脚移动，直至双脚并拢，算作完成一步横向跑。

要点提示

01 跑动过程中，上半身自然侧转，头部转向跑动方向，眼睛平视，双臂自然摆动，两只脚不断地横向移动，保持身体平衡。

02 刚开始横向跑时，孩子可以加上双臂侧平举的动作以增强平衡。这样可以降低难度，待找到节奏后再自然摆动双臂。

03 刚开始跑动时，孩子侧身程度可以不用太大。等掌握运动模式后，再加大侧身程度。

游戏变化

在孩子熟练掌握动作后，家长可以让孩子适当增加手部动作，比如完成一步就击一次掌，或是完成一步就抬起一次双臂。家长还可以让孩子加快横向跑的速度、延长跑动持续时间、在跑动的过程中改变前进方向等。

站立摸脚尖

训练能力

柔韧

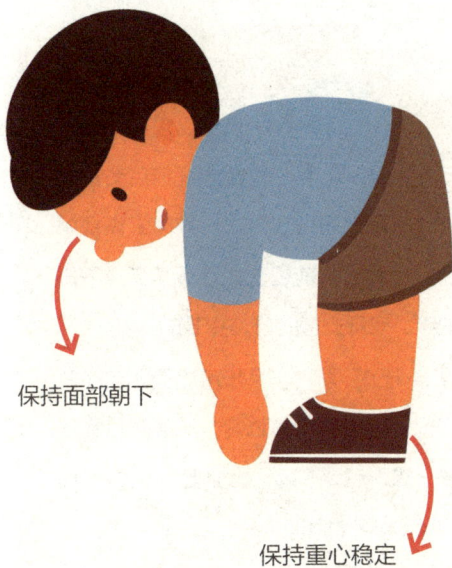

保持面部朝下

保持重心稳定

游 戏 规 则

孩子在游戏中　双腿开立，慢慢弯腰，努力用手摸脚尖。但不要过度弯腰！保持双腿伸直，膝盖不要弯曲，双脚不要离开地面，并保持重心稳定。在游戏过程中，务必保持面部朝下，看向地面，不要抬头，完成规定次数的站立摸脚尖动作。

要点提示

01 刚开始时，孩子的柔韧性可能较差，家长可以让孩子适当将双脚分得较开，尽量用手摸到脚尖。但要避免过度拉伸，一定要在个人能力范围内进行。

02 家长要提醒孩子保持身体重心稳定，身体尽量不要晃动。

03 弯腰时要慢速进行，切忌过快而靠惯性向下拉伸双腿。

04 起身时注意不要用力过猛，以免向后摔倒。

游戏变化

当孩子可以顺利摸到脚尖后，家长可以让孩子逐渐并拢双脚，膝盖不要弯曲，加强其拉伸感。家长还可以让孩子尽力将上半身靠向腿部，加大训练强度。

下蹲拍手

训练能力

平衡　协调

保持身体稳定

游戏规则

孩子在游戏中　双腿分开前后交错站立，下蹲的同时双手击一次掌。恢复站姿，后侧腿向前迈步，并继续完成下蹲拍手。双脚交替向前，并下蹲拍手。

家长在游戏中　家长可以根据孩子的情况让其进行分解练习，比如可以先让孩子练习屈膝下蹲，再加上拍手的动作，以逐步熟悉动作。

游戏变化

在孩子熟练掌握节奏后，家长可以让孩子加快下蹲拍手的速度；也可以让孩子在起身时增加跳起拍手的动作，或规定相应行进距离以训练孩子腿部肌肉的力量并提升身体的协调性。

要点提示

01 在下蹲时，支撑腿的大腿保持水平，与小腿垂直，不要过度下蹲。切忌膝盖不要超过脚尖。

02 屈膝腿会触碰地面，家长可以给孩子戴上护膝，避免孩子磕伤。

03 下蹲时注意保持重心稳定。

节律扭转

训练能力

灵活

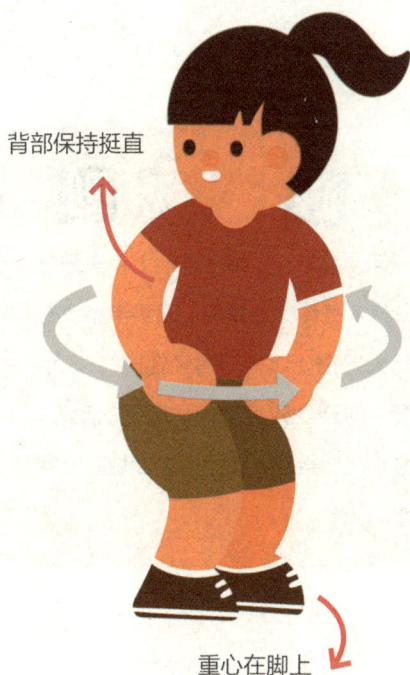

背部保持挺直

重心在脚上

游 戏 规 则

孩子在游戏中　站在平地上，双脚分开，与肩同宽，身体保持放松，微微屈膝。腰腹部发力，有节奏地进行扭转，并带动上半身与臀部一起扭转。

游戏变化

在孩子熟练掌握节律扭转动作后，家长可以让孩子增加扭转到一侧击掌动作，以锻炼孩子的协调性。但这样的动作难度较大，在游戏时家长一定要注意孩子的安全。不要因为增加动作内容导致动作变形，造成身体损伤。

要点提示

01　扭转动作不宜持续太长时间，也不宜太快，要循序渐进。

02　保持身体放松。游戏全程双脚不要移动，保持身体稳定。

03　转动时不要弯腰，同时注意保持腰部挺直且不要含胸，以免造成腰部损伤。

屈肘画圈

训练能力

灵活

身体放松

双脚自然分开

游戏规则

孩子在游戏中 站在平地上，双脚自然分开，身体保持稳定。双手半握拳并竖起大拇指，让大拇指轻轻碰在肩上，然后手肘带动双臂向前做画圈的动作。完成一定次数后，双臂再向后做画圈的动作。

要点提示

游戏变化

在孩子熟练掌握该动作后，家长可以让孩子适当增加腿部的动作，如在屈肘画圈的同时原地踏步，以增强孩子的协调性和稳定性。

01 保持身体稳定，在屈肘画圈时，动作幅度不要过大，使肩部有一定的拉伸感即可，且不要过分用力，以免受伤。

02 保持身体放松，不要在耸肩的情况下进行此项练习。

03 双臂画圈的速度不宜过快，匀速进行即可。

踮脚转圈

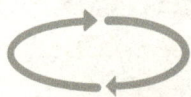

重心放在脚尖上

游戏规则

孩子在游戏中　站姿，双臂向上伸直，贴近同侧耳朵，抬起脚后跟，脚尖着地，保持双腿伸直，把身体重心放在脚尖上。以脚尖为轴左右旋转，并带动身体一起旋转。目视前方，头部也要随着身体一起转动。转圈时脚后跟保持悬空。

要点提示

01 刚开始时，孩子在原地旋转，不要踮脚，以使其适应旋转的感觉。

02 保持身体稳定，若双臂向上伸直难度较大，可将双臂调整成侧平举的形式。

03 转动圈数不宜过多，时间不宜过久，防止孩子摔倒。

04 可以改变每一圈的转动方向，以减少孩子的眩晕感。

游戏变化

在孩子可以顺利旋转后，家长可以让孩子试着在旋转要结束时，脚尖发力跳跃一次。此动作难度较大，孩子要在家长保护下进行练习。

蹲下走一走

训练能力

平衡　走跑

身体稳定

游 戏 规 则

孩子在游戏中　下蹲，双手放在同侧膝盖上，在保持身体稳定的条件下双脚交替前进。

要点提示

01 全程保持身体稳定。熟练掌握动作模式后，行走的步幅可以大一些，不过不要过度发力，以免受伤。

02 注意动作与呼吸的配合，同时要避免猛蹲猛起，以防孩子出现头晕等现象。

03 双脚交替前进时注意不要过分扭转膝盖，防止膝关节扭伤。

游戏变化

在孩子熟练掌握动作模式后，家长可以让孩子适当加快行走的速度或是在途中改变行走方向，让孩子注意保持平衡，以训练孩子的平衡性和稳定性。家长可以和孩子比赛，看谁走得比较快，在完成后，可以给孩子一些小奖励哦！

燕式平衡

训练能力

平衡

保持身体稳定

腿尽量伸直并抬起

双臂自然打开

要点提示

01 刚开始时，家长可以让孩子慢慢把脚抬离地面，重心放在另一只脚上，等孩子能控制平衡后再慢慢抬高抬起的脚。

02 刚开始时，支撑腿的膝盖可以微屈，但不要含胸驼背。

03 动作过程中，可以尝试尽量舒展身体，从而保持平衡。

游 戏 规 则

孩子在游戏中 在平地站好后，依靠一条腿支撑，抬起另一侧的脚。先慢慢地把脚抬高，保持在一个可以维持平衡的高度。之后，上半身前倾，进一步抬高悬空的那一条腿，同时手臂侧手举，在保持身体稳定的前提下使躯干与抬起的腿尽量保持在一条直线上，并在这个姿势下保持平衡。

游戏变化

在孩子可以顺利完成燕式平衡后，家长可以让孩子试着在动作结束时，由支撑腿发力跳跃一次，再回到单脚站立姿势；也可以让孩子在保持平衡的同时，身体更加前倾，以加大抬腿高度。此动作难度较大，孩子要在家长保护下进行练习。

双手交替拍球

训练能力

敏捷　协调

球落点尽量固定　双膝微屈

要点提示

01 在孩子还不能很好地控球之前，练习时要确保孩子活动的周围无杂物，以避免磕碰。

02 不要过度用力拍球，以免球弹起速度过快而碰伤身体或戳伤手指。在孩子学会控制力度之前，家长可以适当给球放气。

03 身体不要过分前倾，保持重心稳定。

游戏规则

孩子在游戏中　在平地上站好，双脚分开，大约与肩同宽，微微屈膝以降低重心。双手抱球，先用一只手拍球，等球弹起后，再换另一只手拍球，双手交替拍球。在游戏过程中，尽可能让球落在双腿正中间或身体正前方的合适位置。

游戏变化

在孩子能够熟练控球后，家长可以让孩子一边行走一边双手交替拍球，从而训练孩子的平衡性。

我是小青蛙

训练能力

敏捷　跳跃

双臂向前
上方摆动

落地时注意
屈膝

双脚同时落地

游戏规则

孩子在游戏中 双脚分开，半蹲，上半身微微前倾，双手放在身后。双脚用力蹬地，同时双臂迅速向前上方摆动，身体向前上方跳起。之后双脚一起落地，同时屈膝缓冲，双臂回摆到身后，完成一次练习。

要点提示

01 跳起后，目视前方，身体保持稳定，在落地时注意屈膝缓冲。

02 刚开始练习时，不要过于用力，可以先小跳以适应动作节奏。

03 如果孩子年龄较小，家长可以让孩子分步进行练习，先练习下蹲，再练习小跳，最后练习蛙跳。

04 起跳和落地的过程中，膝盖不要内扣。

游戏变化

游戏中，在跳起同时，双手可以从身体两侧向上摆臂并击掌，再回到身体两侧。家长要注意控制跳跃的次数，避免孩子运动后出现肌肉过度酸痛的情况。

仰卧两头起

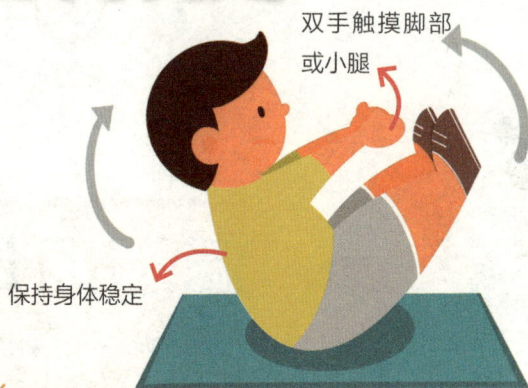

双手触摸脚部
或小腿

保持身体稳定

训练能力

平衡　　支撑

要点提示

01 刚开始练习时，可以先在孩子的背后垫一个靠垫，让上半身先小幅度地抬起，以减轻动作的难度。此外，抬起上半身时可以借助双臂向前挥动的力量，这样会比较轻松。

02 双腿同时抬起，用双手触摸脚部或小腿，帮助保持身体稳定。

03 下落时注意控制速度，防止头部快速撞到瑜伽垫。

04 注意头颈部位置保持相对固定，不要过仰或过低。

游 戏 规 则

孩子在游戏中　双腿并拢，手臂放在身体两侧，放松地躺在瑜伽垫上。双手向前挥动，带动上半身离开瑜伽垫；同时双腿伸直，随手臂一起抬起，让身体呈"V"字形。双手努力触摸脚部或小腿，并坚持一会儿。在游戏过程中，腹部要持续发力，背部始终保持挺直。

游戏变化

随着练习不断进行，家长可以让孩子逐渐延长抬起后坚持的时间，并让其身体与腿部的夹角逐渐减小。此动作难度较大，孩子要在家长保护下进行练习。可以由简单的仰卧起坐、仰卧单腿抬起作为分步练习的内容，以降低动作难度。

前弓步举双臂

训练能力

平衡　　柔韧

双手举过头顶

保持背部挺直

大腿与地面平行

游戏规则

孩子在游戏中 在平地上站好，双臂前平举，然后直臂举过头顶，尽量与躯干在一条直线上。同时，左脚向前迈出一步，屈膝，将重心放在前脚上，后脚脚尖着地，呈弓步姿势。之后恢复到起始状态，换至另一侧重复以上动作。

游戏变化

孩子可以双手侧平举，同时双手各举一个小哑铃，也可以用水瓶代替哑铃。如果结合器械一起运动的话，对腹部的练习效果会更加明显。

要点提示

01 腿部呈弓步姿势，双腿的间距不要太大，要在孩子可以承受的范围内做这个动作。

02 在弓步姿势时，双腿保持紧绷，保持身体稳定、背部挺直。

仰卧蹬自行车

力量　平衡

膝盖靠近身体 ←

💡 要点提示

01 背部紧贴在瑜伽垫上。颈部要放松，进行动作时不要向上抬头。

02 肩膀保持放松，上半身可以随着动作微微摆动。

03 腰部不要过分弯曲悬空，尽量靠近瑜伽垫，防止腰部受伤。

游 戏 规 则

孩子在游戏中　平躺在瑜伽垫上，双腿伸直，双臂自然放在身体两侧。抬起双腿，尽量让一条腿的膝盖贴近身体，另一条腿尽量保持伸直悬空的状态。双腿交替进行蹬自行车的动作，身体可以随着双腿的运动微微摆动，但是腹部要时刻保持紧绷发力的状态，双腿尽量不要落地。

游戏变化

家长可以让孩子将双手轻轻放在两耳侧，双臂屈肘，屈膝时转动上半身，让对侧手肘触碰到屈膝腿的膝盖。这样会增加难度，孩子也会感到更有挑战。

直臂画圈

训练能力

灵活

背部保持挺直

腹部收紧

游戏规则

孩子在游戏中 在平地上站好，双臂侧平举，膝盖可以微屈，腹部收紧。以肩膀为轴，带动双臂进行小幅度转动画圈，向前转10圈，再向后转10圈。

要点提示

01 练习一段时间后，可以加快转动的速度。

02 可以微屈膝盖来保持身体稳定。同时保持腹部收紧、背部挺直，才能达到练习的目的。

03 转动时用肩带动大臂进行转动，不要仅转动小臂或手腕。

04 转动时保持上肢肌肉用力，不要甩手臂，防止过分转动拉伤手臂。

游戏变化

在双臂进行转动时，家长可以让孩子加上原地踏步的动作，手脚同时运动，但是要保持节奏一致。这样可以很好地锻炼孩子的协调性，也可以让孩子的全身都得到锻炼。

单腿站立

训练能力

平衡

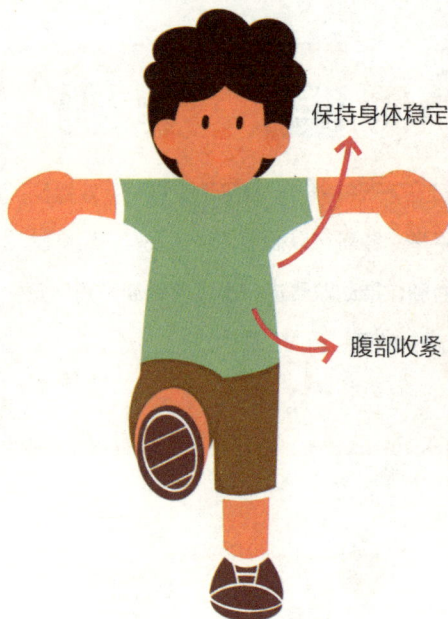

保持身体稳定

腹部收紧

游 戏 规 则

孩子在游戏中　在平地上站好，双臂侧平举，腹部收紧，背部挺直。右脚尽可能向上抬高，注意要将重心放在左脚上，以保持平衡。坚持几秒之后再缓缓放下右脚，恢复至站立姿势，双臂自然下垂到身体两侧。换至对侧重复以上动作。

要点提示

01 准备姿势时，双腿开立，手臂侧平举，双肩自然下沉，帮助保持身体平衡。

02 背部挺直，不要含胸驼背，腹部保持发力并收紧，帮助保持身体稳定。

03 刚开始练习时，不要太在意抬腿的高度，先学会如何保持身体稳定。

04 刚开始练习时，抬起的一条腿可以以屈膝状态悬空，掌握平衡后，再将腿伸直抬起。

05 家长一定要注意保护孩子。

游戏变化

孩子可以稳定地完成动作后，家长可以和孩子比赛，看看谁坚持的时间更长；还可以让孩子闭上眼睛保持平衡，以增加难度。如果孩子赢了，记得要给孩子奖励哦！此外，两条腿都要进行这个练习，家长可以针对孩子较弱的一侧腿增加训练时间以进行强化。

第 3 章

亲子趣味运动游戏

热身之后，家长就和孩子一起进入正式的趣味运动游戏环节吧。本章中的运动游戏可以全方位地锻炼孩子的支撑能力、协调能力、跳跃能力等。

小推车前进

训练能力

支撑　钻爬

腹部收紧

稳定支撑

家长握住孩子的脚踝，不要抬得过高

要点提示

01 刚开始玩这个游戏时，孩子的双臂和腹部可能很快就会出现酸痛，可以休息一下，再继续进行游戏。

02 孩子爬行的速度不宜太快，家长要帮孩子控制好节奏。

03 孩子的双肘关节稍微弯曲，不要锁死。

04 孩子的腰部不要塌陷，防止受伤。

05 家长要提醒孩子不要大幅度摆动身体，以免扭伤。

游戏规则

孩子在游戏中 双手支撑在地面上，尽量不要撅起臀部，保持腹部收紧，用双手一前一后地向前爬行。

家长在游戏中 双手握住孩子的脚踝，将腿抬起到孩子手臂支撑的高度，使孩子的身体与地面平行，配合孩子爬行的速度向前移动。

游戏变化

当孩子能熟练完成动作后，家长可以偶尔放开一条腿，让孩子在运动中保持一条腿继续悬空，并自己控制身体平衡进行爬行。

小海豹挺身

训练能力

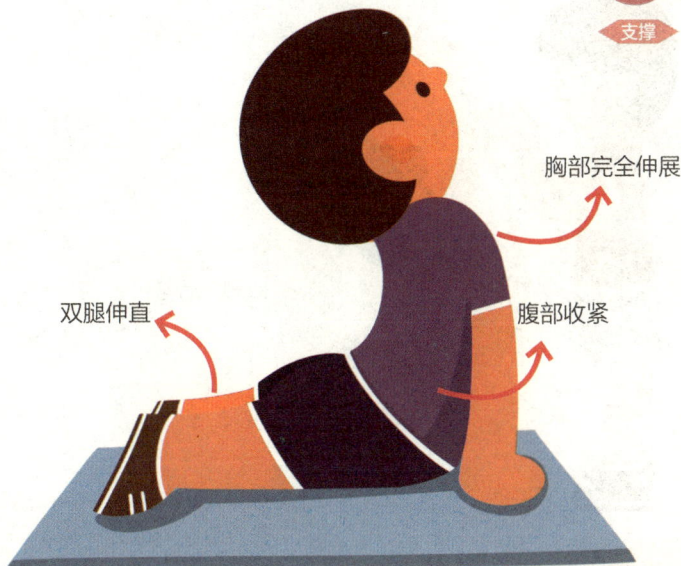

支撑　柔韧

胸部完全伸展

双腿伸直

腹部收紧

要点提示

01 若出现腰部不适要立即停止。

02 恢复时要缓慢屈肘。

03 挺身时注意动作不要过快，也不要用力过猛。

游 戏 规 则

孩子在游戏中　趴在瑜伽垫上，双腿伸直，双手放在身体两侧，撑在瑜伽垫上。然后手臂伸直将上半身撑起，同时胸部向前上方顶，使胸部完全伸展，模仿海豹挺身的动作，并坚持5～10秒。

游戏变化

动作熟练后，可以加入头部扭转的动作。

大手拉小手

训练能力

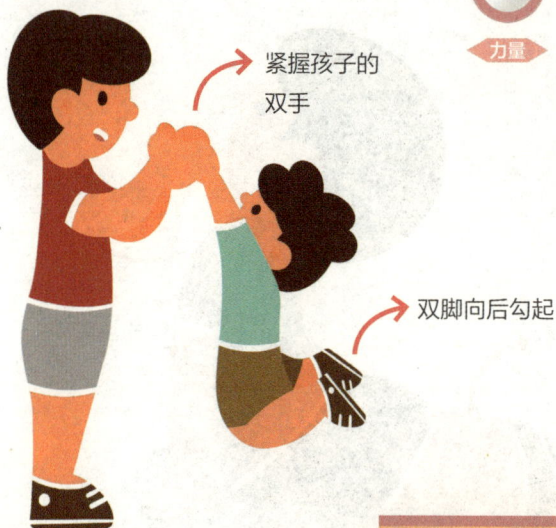

力量

紧握孩子的
双手

双脚向后勾起

要点提示

01 家长向上拉的动作只起辅助作用，主要
依靠的是孩子上肢的力量。注意，孩子
要和家长保持节奏一致。

02 家长在拉起孩子时，要握紧其双手，孩
子被往上拉时要保持身体挺直。

03 孩子勾腿时速度不要过快，防止身体过分
晃动。

游 戏 规 则

孩子在游戏中　拉住家长的手，依靠
手臂的力量，让双脚离开地面并向后勾
起，尽量保持5～10秒。

家长在游戏中　握住孩子的双手并保
持相对固定位置，让孩子双脚离开地面
并保持5～10秒，时间由家长根据孩子
的实际情况控制。

游戏变化

当孩子可以熟练完成动作并保持一段时间后，家长可以让孩子在单杠上进行练习，家长
在旁边进行保护。

顶物平衡站立

保持腹部收紧

双脚并拢

游戏规则

孩子在游戏中　在平地上站好，双脚并拢，腹部保持收紧，手臂自然垂于身体两侧。之后，在头上顶一些较轻的书或其他不易掉落且掉落后不会破碎的物品，并保持身体稳定。在一定时间内保持这个姿势。

要点提示

01 要保证头顶的物品不要太重且掉落后不会破碎，以免碎片扎伤孩子。

02 刚开始时，家长应在孩子站稳后再将物品放在孩子的头顶，以保证安全。

03 保持身体稳定、下巴微收、目视前方，正常站立，并且不要将注意力放在头顶的物品上。

游戏变化

当孩子可以稳稳地顶住物品后，家长可以让孩子听口令做一些简单的动作，如举起手臂，或抬起一条腿，来增加游戏难度。

平衡直线走

训练能力

走跑　平衡

目视前方

腹部收紧

游戏规则

准备　用胶带在地上贴出一条直线，（游戏结束后，及时将地面清理干净。）或将地板接缝作为线路。

孩子在游戏中　沿着胶带一侧，直线平稳地行走。行走时要挺胸抬头，眼睛看向正前方，腹部收紧，保持身体平衡。手臂可以侧平举，帮助保持身体平衡。

游戏变化

当孩子可以直线行走后，家长可以让孩子闭起眼睛，再进行平衡直线走，这样更能锻炼孩子的平衡性。此时，这个游戏有一定的危险性，家长一定要注意周边的环境，保护好孩子。

要点提示

01　双臂侧平举，目视前方，腹部收紧，帮助保持身体稳定。

02　在行走过程中，家长要注意孩子的体态，提醒他们挺胸抬头，并且不要将注意力放在地上贴出的直线上。

03　熟练掌握动作后，可以加大行进步伐。

推椅子

训练能力

走跑　平衡

双手扶住椅子

游 戏 规 则

准备　用胶带在地上贴出一条直线（游戏结束后，及时将地面清理干净）。

孩子在游戏中　双手握住带滚轮的椅子两侧，推着它沿着直线向前移动。推行时，背部保持挺直，并且集中注意力，注意手眼之间的配合，努力让移动轨迹不偏离直线。

要点提示

01 家长要注意孩子的体态，让孩子目视前方，不要耸肩，保持身体稳定。

02 孩子的双手握住椅子，推行时不要用力过度，并且要控制好速度。

03 孩子不要将重心放在椅子上，防止跌倒。

04 家长要选择合适的椅子，不要让椅背遮挡孩子的视线。

游戏变化

当孩子能够完成动作后，家长可以在孩子的头顶放置重量较轻且不易掉落的物品，让孩子在保持身体平衡不让物品掉落的前提下，推动椅子沿着直线行走。

S 形推球

双膝微屈

要点提示

01 推动BOSU球时，身体微蹲，双脚自然分开，并且保持较低的重心。

02 推球时手脚要配合，腿部与腹部先发力。家长要让孩子的手扶稳BOSU球，以免摔倒。

03 注意速度，且应在不易打滑的场地进行游戏，防止跌倒。

游 戏 规 则

准备 在空地上设置两个相距1米的锥桶（或标志物），或者根据BOSU球的大小来调整锥桶之间的距离。

孩子在游戏中 沿S形曲线将BOSU球从锥桶1推向锥桶2，然后再以S形曲线推回。

游戏变化

当孩子能够熟练完成动作后，家长可以增加锥桶之间的距离和锥桶的数量，具体要视孩子的能力而定。

小手接沙包

背部保持挺直

💡 要点提示

01 家长要注意孩子的体态，孩子应背部保持挺直，不要含胸驼背，以防重心不稳。

02 扔沙包不要过于用力，注意周边环境是否安全。

03 开始游戏时，家长可以配合口令提示孩子，以避免孩子的反应不及时。孩子熟练掌握动作后，家长可以不再喊口令提示。

游 戏 规 则

孩子在游戏中　自然站立，背部保持挺直，双臂自然张开。将注意力集中在沙包上，左右移动，努力接住家长向不同方向扔的沙包。

家长在游戏中　和孩子保持1.5～2米的距离，扔沙包让孩子接住，可以扔高或扔低，向左或向右扔，向不同的落点扔沙包来训练孩子的反应能力。

游戏变化

当孩子能熟练完成动作后，家长可以和孩子互换位置，由孩子来扔沙包，家长来接。但要提醒孩子，投掷速度不要过快，应注意安全；也可以改变投掷速度，以提高孩子的反应能力。

沙包入盆

训练能力

敏捷

身体自然放松

双脚自然分开

💡 要点提示

01 孩子在等待家长掷出沙包时，身体要自然放松，不要紧绷，以免被砸伤。

02 家长在掷沙包时一定要控制好力度，尽量选用重量较轻的沙包，以免砸伤孩子。

03 一定要在比较空旷的地方进行这个游戏，避免周围的杂物磕碰到孩子。

游 戏 规 则

孩子在游戏中 端一个较轻的塑料小盆并将它放在胸前的位置，双脚自然分开，左右移动，将注意力放在沙包上，努力用盆接住沙包。

家长在游戏中 站在距离孩子约1.5米处，掷出沙包。

游戏变化

在孩子可以熟练地接到沙包后，家长和孩子可以互换位置，由孩子来掷沙包。双方可轮流交换位置，谁接到沙包就可以来投掷。在孩子能很熟练地接到沙包后，家长也可以让孩子将小盆放置在头顶或换成更小的盆，以加大游戏难度。

开合前进跳

训练能力

跳跃

背部保持挺直

双臂自然下垂

游戏规则

准备　在地上画出5个相同间隔A4纸大小的矩形区域，使其呈纵向排放。

孩子在游戏中　站在起点，双臂自然垂于身体两侧，双脚自然分开，背部保持挺直。之后根据听到的口令依次跳过5个区域，最后到达终点。

家长在游戏中　发出"开—合"口令，"开"为双脚分开踩在一个矩形的左右两边，"合"为双脚并拢踩在一个矩形上。

要点提示

游戏变化

家长在发出口令时，可以不使用"开—合"口令，而是加入"前""后""左""右"等变化口令，以考验孩子的应对能力和反应速度；也可以适当增加矩形的数量或间隔的距离，以加大游戏难度。

01 孩子在跳动时双臂应自然摆动，带动身体向前跳跃，这样落地会更加稳定。

02 跳跃时，孩子要保持背部挺直，不要含胸驼背，帮助保持身体平衡。

03 家长要根据孩子的实际情况来调整矩形区域的间隔。

04 刚开始时，家长要注意口令速度，逐渐加快口令，使孩子逐渐适应。

05 家长不要在地上直接放置纸张来代替画在地面的区域，以免孩子踩到纸张后滑倒。

快乐过小桥

训练能力

敏捷　　走跑

双臂自然摆动

游戏规则

准备　在地上画7～8个间隔不同A4纸大小的矩形。

孩子在游戏中　站在一端起点，眼睛看向前方，踩着矩形前进，双臂随着脚步的节奏前后自然摆动。如果踩空了就要回到起点从头开始。

要点提示

01　孩子的双臂随着脚步的节奏摆动，帮助保持身体平衡。

02　家长要根据孩子的实际情况来调整矩形的间隔。

03　家长注意提醒孩子控制行进速度，防止摔倒。

游戏变化

当孩子能熟练完成动作后，家长可以增加矩形间的距离和矩形的数量，具体要视孩子的能力而定，注意保证孩子的安全。

穿越呼啦圈

钻爬

四肢着地

游 戏 规 则

孩子在游戏中 面对呼啦圈站好后，跪下，四肢着地进行爬行。在爬行过程中要保持背部挺直，在穿行过程中身体任何部位不要碰到呼啦圈。穿过呼啦圈后再反向穿回到起点，完成游戏。

家长在游戏中 在空地上双手拿稳呼啦圈，在孩子爬行时提醒孩子低头。

要点提示

01 孩子在爬行时要目视前方，注意手脚协调，要用正确的姿势爬行，以免被绊倒。

02 在爬行时，孩子要保持背部挺直，不要含胸驼背。

03 在较为柔软的地方，或在地上铺上瑜伽垫进行游戏，防止磕伤。

游戏变化

家长可以在孩子能熟练完成动作后，不断调整呼啦圈的位置，让孩子跟随着呼啦圈的移动而改变爬行路线，同时也要保证孩子不碰到呼啦圈。

8字绕球

训练能力

敏捷

游戏规则

孩子在游戏中 在平地上站好，双脚分开，略比肩宽。单手持球，将球从双腿之间传给另一只手，再用同样的方式将球传回到原来的手上。球的运动路径呈"8"字形，绕过一圈即为完成游戏。注意球在游戏过程中不能掉落。

双脚分开，略比肩宽

要点提示

01 孩子的双脚自然开立，可以微微一前一后，平行打开或呈弓步，保持重心稳定。

02 孩子在运球时不要用掌心拍球，要用手掌来控球，并且注意不要戳伤手指。

03 家长可以给孩子选用小一些的球，方便孩子进行游戏。

04 孩子在游戏中注意不要过分弓腰，且弯腰游戏时间不宜过长。

游戏变化

当孩子能熟练完成动作后，家长可以让孩子把8字绕球的动作和运球结合，边运球边绕，这样可以锻炼孩子的运球能力。家长也可以给孩子计时1分钟，看看孩子在1分钟内可以完成8字绕球多少次；或让孩子根据节奏进行运球，实现运球过程中的节奏转换。

来回传球

训练能力

敏捷

💡 **要点提示**

01 孩子尽量保持腹部收紧，双脚自然开立，保持身体稳定。

02 孩子要控制好力度，先将球停稳再将球传回。此外，传球时要用脚弓内侧踢球，不要用脚尖踢球，以免受伤。

03 刚开始运动时，家长传球的速度和力度不宜过大。

04 若孩子选择将球踩住来停稳球，注意不要崴脚。

游 戏 规 则

孩子在游戏中　判断家长传球的方向，跑过去并用左脚把球停稳，再用左脚将球传回给家长。之后，再换右脚重复以上动作。

家长在游戏中　与孩子有一定距离的间隔，将球踢给孩子并不断变换传球的方向。

游戏变化

当孩子能熟练完成动作后，家长可以加快传球的速度，这样可以很好地增强孩子的控球能力，但要提醒孩子注意踢球的力度，保证孩子的安全。如果在户外进行活动，家长还要注意周围的环境和人员情况。

带球绕过锥桶

训练能力

敏捷

要点提示

01 在游戏的过程中，孩子要保持背部挺直，不要含胸驼背。射门时，身体要自然放松，不要紧绷。

02 家长给孩子传球时要注意力度，不要用力过猛，而应让孩子能停住回球。孩子要用脚弓内侧停球，以免受伤。

03 若孩子选择将球踩住来停稳球，注意不要崴脚。

游戏规则

孩子在游戏中　带球以S形路线绕过锥桶，将球传给家长。用脚停住家长踢回的球后，将球踢向球门，完成射门。

家长在游戏中　在球门前2米的位置纵向放置两个锥桶，站在球门一侧，接到孩子的传球后将球传回给孩子。

游戏变化

当孩子能熟练完成动作后，家长可以让孩子尝试头顶较轻且不易掉落的物品，然后带球S形绕过锥桶，这样能够锻炼孩子的稳定性和控球能力；也可以在球门不同位置处站立并回球，以提高游戏的难度。

精准出拳

训练能力

敏捷　　力量

双脚自然开立

游戏规则

孩子在游戏中　在沙袋前站好，双脚自然开立，腹部收紧，然后根据家长的口令迅速、准确地出拳来击打相应的位置。

家长在游戏中　给孩子选用合适的拳击手套，并在空地上放置儿童充气沙袋，在各个位置分别贴上"1""2"等数字。之后发出"1""2"等口令，让孩子根据口令击打相应的区域。完成游戏后，家长可以与孩子击拳，给予孩子鼓励。

要点提示

01　孩子保持腹部收紧，一脚在前，一脚在后，这样更好发力。出拳要有力，手臂伸直，这样才能既达到练习目的，又不会受伤。

02　孩子在击打沙袋时，沙袋会回弹。家长要提醒孩子与沙袋保持一定的距离，并在一旁保护孩子。

03　击打力度不宜过大，防止沙袋过分回弹。

游戏变化

当孩子能熟练完成动作后，家长可以让孩子按照数字顺序依次击打儿童沙袋上对应的位置，锻炼孩子的观察和反应能力；也可以加快口令速度，或一次发出多个口令，让孩子按顺序击打，提高孩子的反应能力；还可以与孩子一同轮流击打儿童充气沙袋。

一起撑小桥

训练能力

支撑　　力量

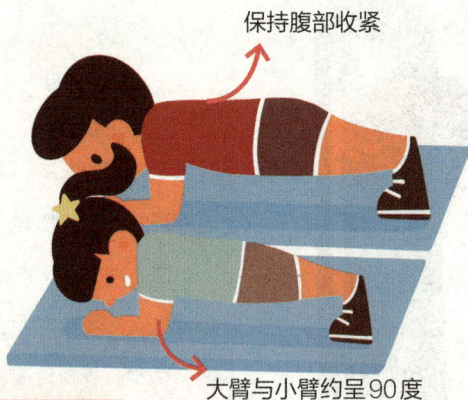

保持腹部收紧

大臂与小臂约呈 90 度

要点提示

01 刚开始练习时，尽量保持躯干、臀部、腿部在同一条直线上，可以微微抬起臀部，以保持稳定。

02 身体紧绷，腹部和腿部保持紧绷，下巴微收，目视前方。

03 全程注意避免臀部翘起或腰部下塌。

04 不要过分低头或仰头。

游戏规则

孩子在游戏中　保持大臂和小臂约呈 90 度，小臂和脚尖支撑在瑜伽垫上，将身体撑起，保持腹部收紧，腿部绷直。

家长在游戏中　可以带领孩子练习平板支撑，保持 5 秒不动。

游戏变化

如果该练习对孩子来说难度较大，可以尝试让孩子从双膝跪地开始练习。孩子熟练掌握动作后可以慢慢延长支撑时间。孩子保持撑起状态下，可以交替悬空一条腿并尽力保持平衡。

交替单腿蹲

训练能力

支撑　平衡

游戏规则

孩子在游戏中　与家长面对面站立，双手拉住家长的双手，手臂伸直。单腿屈膝下蹲，另一条腿缓慢伸直抬起，保持身体稳定。再慢慢恢复至站立姿势，换另一条腿重复以上动作。

家长在游戏中　双臂伸直，双手拉住孩子的双手，保护孩子的稳定。

要点提示

游戏变化

在孩子能够熟练完成动作后，家长可以让孩子头顶几本书或者其他比较轻的物品做这个游戏，在游戏过程中不能让物品掉落。这样可以很好地锻炼孩子的平衡性。

01 孩子保持背部挺直，抬头挺胸，尽量将抬起的腿伸直，脚尖向后勾起，帮助保持身体稳定。

02 家长拉住孩子的双手，只是起到辅助保持稳定的作用，孩子不要过度借力。

03 孩子重心应保持在身体中心，切勿借力过分后仰。

04 刚开始练习时，不必过分强调下蹲程度，动作熟练、力量增强后再慢慢增加下蹲程度。

顶物平衡直线走

训练能力

平衡　　走跑

背部挺直

保持腹部收紧

双臂自然打开

游 戏 规 则

孩子在游戏中 站在两条间距较窄的直线中间，双脚开立大约与肩同宽，挺胸抬头，保持腹部收紧，眼睛看向前方，头顶着较轻的物品向前沿直线行走，直至终点。手臂自然抬起帮助保持身体平衡。

游戏变化

当孩子可以稳稳地顶住物品向前行走后，家长可以发出口令，让孩子做一些简单的动作，如击掌、蹲起或者转身，再继续行走，以加大游戏难度，锻炼孩子的稳定性；也可以对固定的行走距离进行计时，增加挑战性。

要点提示

01 腿部持续用力，双臂自然打开，行走时帮助保持身体平衡。

02 尽量保持腹部收紧、背部挺直，这样才能使身体更加稳定。

03 在行走的过程中挺胸抬头，目视前方，尽量不要看脚下。

04 头顶的物品不要过重，且不要容易掉落。

勇敢过独木桥

训练能力

走跑　平衡

💡 **要点提示**

01 刚开始练习时，家长可以一手牵着孩子，孩子另一侧手臂侧平举，以保持平衡。之后家长可以站在孩子身边，保护孩子。

02 孩子应保持背部挺直，不要含胸驼背，不要盯着脚下的平衡木，这样行走起来才会更加稳定。

03 平衡木两侧可以放一些软垫防止磕伤。

游戏规则

孩子在游戏中　站在较窄的平衡木上，目视前方，挺胸抬头，沿着直线行走。在行走时双臂自然摆动，保持身体平衡。如果从平衡木上落下，需从起点重新开始。

家长在游戏中　全程跟在孩子身旁，保护孩子的安全。

游戏变化

当孩子能熟练完成动作后，家长可以发出口令让孩子在行走时做一些简单的动作，或让孩子加快速度通过平衡木，这样可以很好地锻炼孩子的敏捷性和协调性。

爬行过桥

训练能力

平衡　钻爬

要点提示

01 孩子在爬平衡木时，要保持腹部收紧、背部挺直、目视前方，不要含胸驼背。

02 家长要全程保护孩子。

03 孩子可以戴护膝，防止磕伤。

游戏规则

孩子在游戏中　在平衡木的一侧，四肢着地，手脚并用快速爬过平衡木。

家长在游戏中　全程跟在孩子身旁，保护孩子的安全。

游戏变化

当孩子能熟练完成动作后，家长可以让孩子拿上小物品，配合进行爬行运输物品的小游戏；也可以组队与其他家庭比赛，看看谁家完成游戏的速度最快。

顶物稳步前进

训练能力

平衡　　走跑

要点提示

01 提醒孩子保持正确的体态，挺胸抬头，沿直线匀速、平稳地行走才能使物品不易掉落。

02 若物品掉落，则应重新开始游戏。刚开始时不要走得太快，家长要注意鼓励孩子。

游戏规则

孩子在游戏中　头顶飞盘或者书等较轻且不易掉落的物品，沿直线走向 1~2 米外的家长。行走时，挺胸抬头，腹部收紧，两眼看向正前方，手臂自然放松，帮助保持身体平衡。

游戏变化

当孩子可以完成动作后，家长可以发出口令让孩子做一些简单的动作，如击掌、下蹲等；也可以和孩子一起头顶物品，看看谁能坚持让物品不掉落且行走得更远。

BOSU 球上稳定站立

训练能力

平衡

双臂自然打开

腹部收紧

要点提示

01 保持腿部持续用力，目视前方，努力保持平衡，控制好身体重心，不要单脚站在BOSU球上，以免受伤。

02 孩子在刚开始练习时，可以微微屈膝，先习惯站在BOSU球上的感觉。待孩子站稳后，再慢慢伸直膝盖。家长始终在旁边保护孩子。

03 孩子站在BOSU球上时，应穿着鞋底较薄的鞋子，或脱鞋站立，以保持平衡。

游 戏 规 则

孩子在游戏中　双脚踩在BOSU球上，尽量保持腹部收紧，双臂从身体两侧抬起，自然打开，帮助保持身体平衡。保持平衡10秒就算完成动作。

家长在游戏中　扶住孩子的手臂。

游戏变化

当孩子可以完成动作后，家长可以和孩子比赛，看谁在BOSU球上坚持的时间更长。这个游戏有一定的危险性，家长一定要注意保证孩子的安全。

越过 BOSU 球

训练能力

平衡　　走跑

双臂自然垂于
身体两侧

腹部收紧

游 戏 规 则

孩子在游戏中 在没有家长帮助的情况下，双脚站在 BOSU 球上。保持好平衡后，手臂自然垂于身体两侧，迈步走下 BOSU 球，就算完成动作。

家长在游戏中 可以根据孩子的实际情况提供帮助。

要点提示

01　孩子目视前方，尽量保持腹部收紧，这样才能使身体更加稳定。

02　在孩子刚开始练习时，家长可以扶着孩子走上、走下 BOSU 球。此外，家长要提醒孩子在 BOSU 球上保持平衡，站稳后再走下 BOSU 球。

03　孩子上 BOSU 球时不要过快，也不要直接跳下 BOSU 球。

游戏变化

当孩子可以完成动作后，孩子可以尝试在家长的帮助下在 BOSU 球上单脚站立，然后迈下。这个游戏有一定的危险性，家长一定要防止孩子摔倒，注意保护孩子的安全。

一起推 BOSU 球

训练能力

力量

①

捆绑家长与孩子相邻的脚时，要留出一些空隙

双脚自然分开

②

💡 **要点提示**

01 捆绑家长和孩子相邻的脚时，要留出可供移动的空隙，但也不能留得过多，以免摔倒。

02 家长和孩子的双脚自然分开，不要过于靠拢。推动 BOSU 球时，保持腹部发力，身体放松，不要过于紧绷。

03 在走动和推球的过程中，家长要注意与孩子节奏一致，以防孩子摔倒。

04 速度不用过快，以防摔倒。

游戏变化

可以将推球路线变化为 S 形曲线。

游 戏 规 则

准备 将两个锥桶相距 1.5 米摆放。

在游戏中 孩子与家长并排站立，将相邻的两条腿绑在一起。家长和孩子一起从锥桶 1 出发，推动 BOSU 球至锥桶 2 的位置，然后再一同将 BOSU 球推回锥桶 1 的位置。推球时，家长和孩子要做到动作协调、节奏一致，同步进行移动。

跑蹲切换

训练能力

训练能力

敏捷　　走跑

跑动时手臂自然摆动

要点提示

01 因为动作幅度较大，所以在练习前要充分进行热身，以防肌肉拉伤。

02 锥桶与锥桶之间的距离可以适当远一些，使孩子完全跑动起来，再下蹲摸锥桶。

03 在跑动和下蹲时，保持有节奏且平稳地呼吸，同时应避免摔倒或坐在地上。

04 运动场地不要太滑，防止孩子急停时摔倒。

游 戏 规 则

准备　将两个锥桶相距2米摆放。

孩子在游戏中　从锥桶1跑向锥桶2，下蹲摸锥桶2后再起身跑向锥桶1，下蹲摸锥桶1。跑动时，双臂随步伐前后摆动。

游戏变化

当孩子能熟练完成动作后，家长可以带领孩子边拍球边摸锥桶，这样可以很好地锻炼孩子的运球能力和协调性。

绕圈跑

训练能力

敏捷　走跑

腹部收紧

游 戏 规 则

准备 在空地上画一个圆圈。

孩子在游戏中 在圈外站好，挺胸抬头，两眼看向前方，然后根据家长拍手的节奏绕圈跑动。拍手速度快，就跑得快；拍手速度慢，就跑得慢。

家长在游戏中 在旁边拍手并保护孩子，以免孩子摔倒。

游戏变化

当孩子能熟练完成动作后，家长可以在孩子跑动时发出口令，让孩子做一些手部动作，如击掌、抬手臂等。家长要根据孩子的情况增加手部动作，不要发出动作过于危险的口令。

💡 要点提示

01 孩子在奔跑时保持腹部收紧、背部挺直，双臂自然摆动，帮助保持身体平衡。

02 家长应尽可能将圈画得大一些，也可以让孩子交替反向转圈跑，以免孩子转圈过多而导致头晕等。游戏时间不要过长。

03 注意鞋子不要打滑，防止摔倒。

运沙包

训练能力

敏捷　　走跑

游 戏 规 则

准备　在空地上放置两个相距1米的锥桶，可以根据孩子的实际情况来调整距离，在1号锥桶旁放若干沙包，在2号锥桶旁放一个空盆。

孩子在游戏中　一次只拿起一个沙包，通过身体的移动将沙包放置在2号锥桶旁的盆中，直到将沙包全部放入盆中。在移动时不要转身，两只脚不断左右、前后移动，手臂随步伐前后摆动，帮助保持身体平衡。

游戏变化

当孩子能熟练完成动作后，家长可以增加锥桶的数量，每隔一个锥桶放置一个空盆，让孩子逐个盆运输沙包；也可以让孩子和其他小朋友比赛，看看谁运输的沙包最多。

要点提示

01　家长应注意孩子的体态，不要含胸驼背。

02　在孩子移动时，家长应提醒孩子注意安全，可以将锥桶固定，以免发生磕碰。

03　孩子在移动过程中如果需要横向移动，家长要提醒孩子注意安全，防止孩子被自己的双腿绊倒。

避开呼啦圈

训练能力

敏捷　　走跑

双脚不断移动

游戏规则

孩子在游戏中　通过前后、左右移动躲避家长的呼啦圈。躲避时，背部挺直，膝盖可以微屈，但是不能背对家长，双脚可以不停地移动，这样不仅可以迷惑家长，而且移动速度快。

家长在游戏中　手拿呼啦圈，与孩子相距1米，试图用呼啦圈套住孩子。

要点提示

01 家长要选择较轻的呼啦圈，并且要控制好力度，不要碰伤孩子。

02 在移动时，孩子要跟着移动的节奏来找到合适的呼吸节奏，注意保持有节奏且平稳地呼吸。

03 在宽敞的地方进行游戏，防止磕伤或撞到其他物体。

游戏变化

如果孩子可以控制好力度和呼啦圈，家长可以让孩子拿呼啦圈，自己躲避。注意：本练习不可在孩子之间进行，容易发生磕碰。

突破抢沙包

训练能力

敏捷　走跑

张开双臂保护沙包

不断改变跑动方向

要点提示

01 家长要注意周围的环境，防止孩子滑倒。

02 家长要选择性防守，有意识地让孩子抢到沙包，从而培养孩子的自信心。

游 戏 规 则

孩子在游戏中 不断改变跑动方向，找到家长的防守漏洞，寻找机会突破防守，抢到沙包。

家长在游戏中 将装有沙包的盆放在身后，张开双臂保护沙包，但是在孩子进攻时，要选择性防守。

游戏变化

家长可以和孩子互换位置，由孩子来进行防守，并让孩子思考防守动作与进攻动作有何不同。但不建议让两个孩子进行这项游戏。

双人传接球

训练能力

敏捷　投掷　走跑

膝盖微屈
双脚前后左右移动

💡 要点提示

01 家长要注意周围环境，保证孩子安全。

02 孩子接球时注意控制好步伐与节奏。

03 家长要控制好力度，防止球落地后回弹打到孩子。

游 戏 规 则

孩子在游戏中 把注意力放在球上，双脚分开站立，膝盖微屈，随时准备接球，通过前后左右移动来接住地面弹起的球。当能够熟练接球后，也可以传球给家长。

家长在游戏中 将球扔向地面，让孩子接弹起后的球。

游戏变化

如果孩子可以很容易地接到球，家长可以尝试换成小球或弹力更好的球，从而锻炼孩子的敏捷性和对球速的判断力。

绕圈后精准投掷

训练能力

敏捷　　投掷

①

匀速快走

②

要点提示

01 游戏时，孩子的眼睛看向前方，背部保持挺直，不要含胸驼背，以免摔倒。

02 孩子要注意：绕圈走的速度不要太快，保持平稳、匀速、不偏离方向。

03 家长投掷沙包时注意力度和速度，防止砸到孩子。

游 戏 规 则

孩子在游戏中　先绕呼啦圈快走3圈，然后接住家长投来的沙包，再将沙包投到目标盆中。

家长在游戏中　在地上放置一个呼啦圈，在距离呼啦圈1米的地方放置一个盆。在孩子绕完呼啦圈后，将沙包扔给孩子。

游戏变化

家长可以让孩子单脚跳绕圈，也可以设置多个呼啦圈让孩子进行"8"字形绕圈，或者换更小的盆。

跨越障碍精准投掷

训练能力

敏捷　　投掷

要点提示

01 在跨越障碍物时要手脚协调，双臂自然摆动，帮助保持身体平衡。

02 要保持背部挺直，不要含胸驼背，要注意目视前方并跨越障碍物。

03 障碍物不要过高或过大，防止孩子绊倒。

游戏规则

准备　从起点到终点的地上放置若干障碍物，在离终点处的盆1米的位置放置若干个沙包。

孩子在游戏中　挺胸抬头，眼睛看向前方，快速跨越障碍物后拿起沙包，然后站在原地将沙包投掷到目标盆中。

游戏变化

当孩子能熟练完成动作后，家长可以更改障碍物的间距、数量，或者蒙住孩子的眼睛，让孩子听从家长的口令行动，但是要注意安全。

俯撑横向蹦跳

训练能力

协调　跳跃

游 戏 规 则

孩子在游戏中 在平地上站好，双脚自然分开，与肩同宽。屈膝下蹲，双手撑地，之后腹部和双腿同时发力，向一侧跳起。跳跃时手臂自然摆动，落地时双手撑地，帮助保持身体平衡。游戏中应连续跳跃5次。

要点提示

01 尽量利用腹部发力，用核心力量带动身体。跳跃时身体要同时发力，防止因不协调导致摔倒。

02 家长可以先演示动作，让孩子观察如何发力与保持身体平衡。

03 孩子先将身体完全蹲下后，再向上跳起，不要仅蹲到一半就将手撑地，防止腰肌受伤。

游戏变化

当孩子可以顺利完成规定的动作后，家长可以根据孩子的跳跃距离在地上摆放几个沙包，让孩子在跳跃的过程中越过沙包，以增加游戏难度。

快乐跳格子

训练能力

跳跃　平衡

双臂自然摆动

要点提示

01 跳跃时双臂自然摆动，以保持身体平衡。

02 跳跃时背部挺直，不要含胸驼背。尽量记住格子的位置，不要频繁低头。

03 可以先提前熟悉步伐，防止在游戏过程中摔倒。

04 格子大小不宜过小，根据孩子的能力设置适宜大小。

游 戏 规 则

孩子在游戏中 挺胸抬头站在地上按照"2-1-2-1"设置好的格子上。先是双脚跳起分开，分别落入两个格子内；再双脚并拢，一起跳入前方的一个格子内。用这种方式跳至终点，到达终点转身跳回起点，跳错就要从头开始。

游戏变化

当孩子能熟练完成动作后，家长可以将一个格子对应的规则改成单脚着地，两个格子对应的规则改为双脚左右依次分开着地；也可以增加格子长度，这样可以更好地锻炼孩子的平衡性和协调性。

双脚跳跃

训练能力

敏捷　　跳跃

身体微微前倾

要点提示

01 孩子身体微微前倾，双臂迅速向前摆动，带动身体跳起，并且帮助保持身体平衡。

02 家长根据孩子的能力调整矩形的间距，鼓励孩子尽量跳远一些，但要防止孩子滑倒。

03 家长尽量不要直接在地上铺纸张使用，防止孩子落地时滑倒。

游戏规则

准备　在地上画 7 ~ 8 个相同间隔 A4 纸大小的矩形。

孩子在游戏中　在矩形的一端站好，背部挺直，不要含胸驼背，双脚分开，略比肩宽。之后，身体微微前倾，双脚立定跳，双臂迅速向前摆动，用尽可能少的次数跳过所有矩形。脚要落在矩形内，一旦没有落在矩形内，就要从头开始。

游戏变化

家长可以发出口令，如"停止""进行"，以加快游戏的节奏，从而加强对孩子的协调性和平衡性的锻炼；也可以规定每次跳过的间距大小，增加趣味性和挑战性。

单脚跳跃

训练能力

跳跃　平衡

保持重心稳定

要点提示

01 家长可以酌情缩短矩形间的距离。

02 家长应该控制连续跳跃的次数，保证孩子动作的标准性，这样也能降低孩子受伤的概率。

03 刚开始练习时，孩子的脚不用抬得过高，以保持平衡为主。

游戏规则

准备　在地上画7～8个不同间隔A4纸大小的矩形。

孩子在游戏中　在矩形一端站好，背部挺直，手臂自然下垂于身体两侧，抬起一只脚，并且该侧脚尖自然下垂，身体保持平衡。之后，单脚向前跳跃，并且每次都要踩到矩形内，踩空就要重新开始。到达终点后，换另一只脚抬起并单脚跳回。

游戏变化

在孩子可以熟练完成单腿跳跃动作后，家长可以发出口令，让孩子同时做一些简单的手部动作，这样可以很好地增强孩子的平衡性。

依次前后移动

训练能力

走跑　平衡

要点提示

01 孩子的双臂自然摆动，帮助保持身体平衡。

02 家长应注意孩子的体态。孩子应抬头挺胸，不要含胸驼背；眼睛看向前方，不要一直低着头看地面。

03 矩形大小根据孩子情况自行设定，不宜过小。

04 鞋子大小适宜，防止在迈步过程中绊倒。

游 戏 规 则

准备　在地上画7～8个相同间隔A4纸大小的矩形。

孩子在游戏中　站在一个矩形内，双脚分开，与肩同宽，双脚交叉向一侧方向移动，依次迈到下一个矩形内，直到通过所有的矩形区域。注意在移动时不要转身，只能通过两只脚前后、左右的移动让自己向相应方向移动。

游戏变化

当孩子能熟练完成动作后，家长可以增加矩形的数量，并且给孩子规定完成时间；也可以让孩子和其他小朋友比赛，看看谁能最快完成游戏。

前滚翻

训练能力

翻滚

游 戏 规 则

孩子在游戏中 双手和双脚撑地，膝盖微微弯曲。之后，双腿蹬直离地，同时屈曲腕部和肘部，低头让脸向胸口靠近，团起身体向前滚翻。前滚时，头顶、头的后部、肩部、背部、腰部、臀部依次着垫，上半身紧靠膝盖。向前滚动一圈后双脚着地，蹲在垫子上，这样便完成了一次前滚翻。

要点提示

01 头顶、头的后部、肩部、背部、腰部、臀部依次着垫，头与脖子不要支撑，防止受伤，在翻滚后双脚着地。

02 翻滚时，重心前移，双腿蹬直离地，同时屈膝、低头、含胸、提臀，依次经头部、肩部、背部、腰部、臀部向前滚动。

03 翻滚前，身体完全蹲下，不要在半蹲状态下直接翻滚。

04 家长要全程在孩子的一侧保护并控制孩子的移动轨迹。

游戏变化

在孩子可以熟练进行前滚翻后，家长可以让孩子双脚着地后，依靠惯性起身并向上跳起，双手在头顶击掌，这样能够很好地锻炼孩子的核心力量。

抛球翻滚

训练能力

翻滚

双手抱球

游 戏 规 则

孩子在游戏中　上半身平躺在枕头上，面部朝上，双眼看向正上方，双手抱住球并向上举高。之后，身体放松，腹部收紧，通过肩膀向一侧转动来带动身体翻滚，侧身翻过枕头后呈俯卧位。游戏时要保证身体稳定，并且手里的球不能掉落在地面上。

游戏变化

当孩子可以完成动作后，家长可以多放几个枕头，让孩子连续翻滚并保持手中的球不掉落。这个游戏需要较大的空地，家长一定要注意保证孩子的安全。

要点提示

01　尽量保持腹部收紧，通过肩部发力来带动身体，保持身体放松，自然翻滚过枕头，这样才能使身体更加稳定。

02　游戏前，家长可以先让孩子空手翻滚过枕头，以熟悉游戏动作。

03　球的重量不宜过重，且大小要适中，防止孩子被球砸伤。

翻越多重障碍

训练能力

钻爬

1

2

要点提示

01 孩子四肢着地爬行。这个游戏尽量在瑜伽垫或较柔软的垫子上进行，以防受伤。

02 家长根据孩子的能力选择大小合适的障碍物。

03 爬行的障碍物不宜过高，防止孩子由于重心不稳而摔倒。不要踩在障碍物上，尽力完全跨过。

游戏规则

准备　在空地上放置两个大小不同的障碍物（抱枕或小被子等）。

孩子在游戏中　四肢着地，爬过小障碍物，再跨过较大的障碍物。

家长在游戏中　全程跟在孩子身旁，保护孩子的安全，必要时提供帮助。

游戏变化

家长可以根据孩子的表现调整障碍物之间的距离与障碍物的数量和大小，让游戏更有锻炼效果、更有趣。

翻越人墙

训练能力

钻爬

①

②

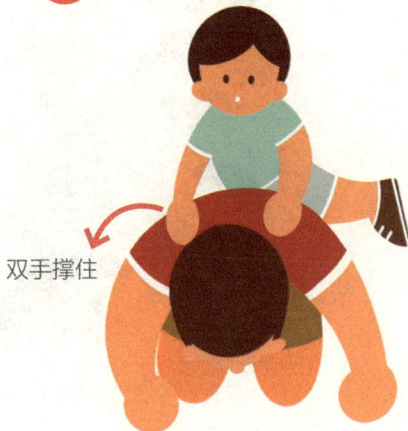

双手撑住

要点提示

01 游戏要在较柔软的垫子上进行，以防受伤。

02 在孩子翻越家长时，家长要根据孩子的能力调整合适的支撑高度，以保证孩子安全通过。

03 速度不宜过快，防止受伤。

04 孩子不要用滚翻的方式从家长身上越过。

游戏规则

孩子在游戏中　四肢爬行，背部保持挺直，从家长身下穿过，到达另一侧，之后再从家长身上翻越回起点。

家长在游戏中　跪在瑜伽垫上，四肢着地，保持背部挺直，保持身体稳定。

游戏变化

在孩子爬到家长背上后保持稳定，家长可以带着孩子爬行一段距离；或者也可以与其他家庭比赛，看看谁家完成以上动作的速度最快。

跳过障碍钻山洞

训练能力

敏捷　钻爬

四肢着地爬行

💡 要点提示

01 家长在阻止孩子前进时要控制力度，由简到难逐渐加大难度，但不要过于用力。

02 在平坦的地面进行这个游戏。

游 戏 规 则

准备　将两个枕头叠在一起作为障碍物，并在枕头前方将被子搭成山洞的形状，支撑起来。

孩子在游戏中　跨过障碍物，然后四肢着地，爬行从"山洞"中钻过。

家长在游戏中　在孩子钻过"山洞"时可以用一些方法在被子外阻止孩子前进。

游戏变化

家长和孩子可以互换位置，由孩子来阻止家长穿过"山洞"，让孩子独立思考可以采用什么办法来阻止家长。

转圈寻宝

训练能力

平衡　　钻爬

1

2

💡 **要点提示**

01 转圈时要放慢速度，避免摔倒。

02 孩子转圈时家长要在身旁保护。

游 戏 规 则

孩子在游戏中　原地转 2 ~ 3 圈。转完站稳后，迅速钻入被子中，找到事先藏好的两个沙包。

家长在游戏中　全程保护孩子的安全。

游戏变化

当孩子能熟练完成动作后，可以尝试单脚旋转，家长也可以让孩子在连续通过障碍物后再"寻宝"。

过桥后钻呼啦圈

训练能力

平衡　　钻爬

要点提示

01 孩子在走平衡木时，要目视前方，身体保持放松，不要含胸驼背，这样才能更好地保持身体平衡。

02 家长应根据孩子的实际情况调整呼啦圈的大小和位置，并在孩子钻呼啦圈的过程中不断鼓励孩子。

03 在孩子走平衡木时要注意保护孩子不要受伤。

游戏规则

孩子在游戏中　挺胸抬头，眼睛看向正前方，从平衡木上走过，然后回到地面上往回走，并在不触碰呼啦圈的情况下钻过半路的呼啦圈，最后回到起始位置。

家长在游戏中　在孩子返回的路线上竖起一个呼啦圈。

游戏变化

当孩子可以顺利完成该游戏后，家长可以在平衡木与返回路线上给孩子设置一些障碍，以提高游戏的难度。

抱球跳

训练能力

跳跃

要点提示

01 尽量先选用较轻的球，让孩子熟悉动作，以防受伤。

02 家长可以根据孩子的实际情况适当调整锥桶间的距离。

03 穿合适的鞋子进行运动，不要穿易掉落或过大的鞋子，如拖鞋等运动。

游 戏 规 则

准备　在空地放置两个锥桶，锥桶之间相距2米。

孩子在游戏中　抱着球站在一个锥桶前，挺胸抬头，然后双脚并拢，同时向前跳，跳到另一个锥桶处即可。

游戏变化

在孩子可以很好地完成抱球双脚跳后，家长可以尝试让孩子抱球单脚跳。

抱球8字绕过障碍

训练能力

走跑

背部挺直

游戏规则

孩子在游戏中 挺胸抬头，将球抱在胸前，在两个锥桶之间绕8字行走，不可以碰倒锥桶。

家长在游戏中 在空地放置两个相距1米的锥桶，可以根据孩子的实际情况调整行走的圈数与锥桶间的距离。

要点提示

游戏变化

家长可以多放置几个锥桶，让孩子连续抱球8字绕过障碍，再从最后一个锥桶绕回；也可以让孩子和其他小朋友一起比赛，看谁完成游戏的速度更快。

01 家长要控制孩子走8字形的圈数，一旦孩子出现晕眩、恶心等情况，要立即让其休息；并且要注意孩子的步伐，防止孩子摔倒。

02 孩子要记住路线，抱球移动时尽量不要低头，不然很容易摔倒。

03 球不要过大，以免阻挡孩子的视线。

定点接球

训练能力

敏捷

背部挺直

要点提示

01 家长在传球时不要太用力，以免球速太快砸伤孩子。

02 孩子要保持背部挺直，目视前方，不要含胸驼背。接球时调整身体位置用手掌接球，不要戳伤手指。

03 可先选用较软的球进行游戏，让孩子习惯运动模式。

游 戏 规 则

孩子在游戏中 站在呼啦圈内，腹部收紧，背部挺直，双手打开，双脚自然分开准备接球。接球时要集中注意力，尽量不移动出呼啦圈。

家长在游戏中 在地上放一个呼啦圈，站在 2 米外面向孩子，并传球给孩子。家长可以根据孩子的实际情况来调整距离。

游戏变化

当孩子能够顺利接到球后，家长可以让孩子把球扔回来，双方互相传球，并尽量不要让手中的球落地。

接球后运动

训练能力

敏捷　走跑

① 双脚自然分开

保持背部挺直

💡 **要点提示**

01 家长控制好传球力度，尽量让传球路线有弧度，减缓球的运动速度，以免砸伤孩子。

02 接球时，孩子要集中注意力，十指张开，用手掌接球，避免手指受伤。

03 在游戏中，孩子要保持背部挺直，不要含胸驼背，以保持重心稳定。

04 刚开始时孩子拍球移动的速度不宜过快，防止摔倒；等动作熟练后再加快速度。

游戏规则

孩子在游戏中 双脚自然分开，双手手指朝上，用手掌接球。接到家长扔来的球后，单手拍球并围绕家长转一圈，然后回到起点。

家长在游戏中 站在距离孩子2米远的位置，将球传向孩子，然后在原地站直，保持不动。

游戏变化

当孩子能够熟练地单手拍球后，家长可以让孩子双手交替拍球，并且让拍球节奏保持平稳；也可以让孩子和其他小朋友比赛，看谁的速度更快、拍球更稳。

原地颠网球

训练能力

敏捷　协调

球拍朝上

游 戏 规 则

孩子在游戏中　双手握球拍，背部挺直，视线跟随网球运动方向移动，球拍网面朝上练习颠球。注意要用正确的方式握住球拍：食指的指节和握柄上方的棱面接触，自然地将虎口握在握柄侧方。连续颠球 5 次为成功。

家长在游戏中　全程辅助孩子完成该游戏。

游戏变化

在孩子熟练掌握原地颠网球动作后，家长可以让孩子双手各执一球拍，进行双手交替颠球，以提高游戏难度，锻炼孩子的协调能力；也可以根据孩子的实际情况来调整颠球次数。

要点提示

01 在开始颠球时，家长可以握住孩子的手或同握球拍，教孩子如何控制力度，并给孩子力量上的支持。

02 在练习时，孩子应双手紧紧握住球拍，网面保持向上，以免之后手臂肌肉酸痛。

03 球拍可以选择儿童球拍，更方便孩子操作。

过桥后运球

要点提示

01 孩子在拍球返回时，不要太用力，注意控制好球。

02 家长注意提醒孩子手脚协调，保持身体稳定。

03 球的弹性适中，防止戳伤孩子的手指。

游戏规则

孩子在游戏中　四肢着地，背部保持挺直，爬过平衡木，穿过呼啦圈，并且不碰到呼啦圈。之后，从平衡木的另一侧拍球回到起点。

家长在游戏中　将呼啦圈竖放在平衡木上，双手扶稳呼啦圈。

游戏变化

当孩子能够熟练完成动作后，家长可以在平衡木上多立几个呼啦圈。当孩子能够熟练地单手拍球后，家长可以让孩子双手交替拍球，并且保持平稳地拍球。

小盆接球

训练能力

敏捷

双手抱住小盆

要点提示

01 家长可以一次抛出一个球，也可以一次抛出多个球，但要控制抛球的力度，以免砸伤孩子。

02 孩子要谨记安全第一，接不住球时要及时躲避。

03 家长抛球不要过快，防止砸伤孩子。

04 如果地上有未接住的球，注意不要让孩子踩到，以免摔倒。

游 戏 规 则

孩子在游戏中 双脚分开，与肩同宽，挺胸抬头，身体放松，双手抱住小盆放在胸前，用小盆尽可能多地接到家长扔来的网球。

家长在游戏中 手持数个网球，站在距离孩子1.5米远的位置，向孩子扔出随机数量的网球。

游戏变化

当孩子掌握了接球技巧后，家长可以调整连续扔球的节奏，或同时扔出不同高度的两个球，以锻炼孩子的敏捷性。

接球并射门

训练能力

敏捷　　走跑

要点提示

01 家长在踢出足球时速度要慢，这样既能让孩子接到足球，也能避免砸伤孩子。

02 孩子要始终观察球门与球的位置关系，背部挺直，双臂自然摆动，保持身体平衡，以防踢空摔倒。

03 先让孩子掌握原地踢球的技巧，再开始游戏。

游戏规则

孩子在游戏中　面向球门站好，等待家长将球从左侧或右侧踢出，接球后将足球踢进球门。如果没有踢进，则需要重新开始游戏。

家长在游戏中　站在距离球门1.5米的位置，等孩子准备好后，将球从左侧或右侧踢给孩子。

游戏变化

当孩子能熟练完成动作后，家长可以拉长射门的距离，提醒孩子注意观察球门与球的位置，逐渐增强孩子的控球能力；也可以调整为提前移动的不停球射门，增加游戏难度。

拳击悬吊球

训练能力

敏捷　力量

游 戏 规 则

孩子在游戏中　面对悬吊的网球站好，抬头挺胸，双腿微微弯曲自然分开，双手轮流击打网球。应等待网球返回时再重复击打。

家长在游戏中　帮孩子佩戴好拳击手套，固定好网球。

要点提示

01 击球时要注意力度，出拳时手臂伸直，带动腰部扭动发力，身体微微前倾。

02 在练习击拳时，出拳不要过重，在网球返回时注意不要被伤到。

03 球悬吊高度适中，方便孩子击打。

游戏变化

家长可以让孩子增加一些躲闪动作，例如，在网球返回时躲避一次，双手抱头侧身，躲避后再出拳击打网球。

转圈后下蹲捡物

训练能力

平衡　　跳跃

① 双手紧握住转椅的边缘

②

要点提示

01 转圈后要先确保能稳定站立再弯腰去捡沙包，不然容易摔倒。

02 单腿跳时，支撑腿微屈，保持重心稳定，身体不要前倾，这样可以让身体保持平衡。跳跃高度不用过高，步幅不用太大，防止摔倒。

03 家长可以根据孩子的情况确定跳跃距离。

04 穿平底鞋，防止崴脚。

游戏规则

孩子在游戏中 双手紧握住转椅的边缘，在保持稳定的前提下在转椅上缓慢转1圈，然后单脚站立，弯腰捡起沙包。之后，未落地腿的小腿向后勾起并尽量向上收，进行单脚跳跃，跳到指定位置。

家长在游戏中 全程保护孩子的安全。

游戏变化

在转椅上转圈后，家长可以让孩子做一些有变化的动作，比如，捡起沙包后原地跳跃几次，再向指定位置单腿跳；或者改变两个动作的顺序，即先单腿跳跃至指定位置，再弯腰捡起沙包。刚开始时，可以双脚跳跃或缩短跳跃距离，来降低难度，提高安全性。

顶物过独木桥

训练能力

走跑　平衡

目视前方

腹部收紧

游 戏 规 则

孩子在游戏中 站在平衡木上，从一端出发，腹部收紧，目视前方，双手抬起保持平衡，头顶较轻的物品，跨过沙包走到平衡木的另一端。不要让物品掉落或触碰沙包。

家长在游戏中 先在平衡木上放置一个沙包，孩子站稳后，再将物品放在孩子的头顶。时刻注意保证孩子的安全。

游戏变化

当孩子可以完成动作后，家长可以让孩子闭上眼睛进行平地直线行走，听口令跨过沙包，这样更能锻炼孩子的稳定性。这个游戏具有一定的危险性，家长一定要注意孩子的安全，保护好孩子。

要点提示

01 孩子尽量保持腹部收紧，双臂自然打开，努力保持身体平衡。

02 家长可以先让孩子在平地上行走，等孩子熟悉动作后，再在平衡木上进行游戏，以免孩子受伤。

顶物过多重障碍

训练能力

走跑　平衡

缓慢下蹲

游戏规则

孩子在游戏中 站在平衡木上，腿部持续用力，目视前方，头顶较轻的物品。跨过第一个沙包后，缓慢下蹲捡起第二个沙包，走到终点。

家长在游戏中 先在平衡木上放置两个沙包，孩子站稳后，再将物品放在孩子的头顶。时刻注意保证孩子的安全。

游戏变化

当孩子可以完成动作后，可以让孩子闭着眼睛行走，听家长口令孩子在哪里捡沙包，这样更能锻炼孩子的稳定性。这个游戏具有一定的危险性，家长一定要注意孩子的安全。

要点提示

01 尽量保持腹部收紧，这样才能使身体更加稳定。下蹲和站起时动作尽量放慢，帮助保持身体平衡。

02 孩子刚开始练习时，家长可以用胶带在地面粘贴出一个矩形，用它来代替平衡木。

同过独木桥

平衡　　走跑

双脚同步前进

游戏规则

孩子在游戏中　左脚站在平衡木上并和家长的右脚绑在一起，走过平衡木。行走时，两人的步伐和节奏要保持一致。

家长在游戏中　右脚站在平衡木上，和孩子的左脚绑在一起。

💡 要点提示

01 家长和孩子一起玩游戏时，在平衡木上的脚要一同向前。家长要顾及孩子的节奏，保持一致的步伐。

02 要选择适合孩子高度的平衡木。

03 家长可以牵住孩子的手，防止孩子向外摔倒。要有第三人保护，防止家长和孩子同时摔倒。

04 绑住脚的绳子不要过紧也不要过松，可以稍微挪动即可。

游戏变化

当孩子能熟练完成动作后，家长可以发出口令，如"停止""行走"等，加大游戏的难度，以锻炼孩子和家长的协同性和平衡性。

平稳站在双 BOSU 球上

训练能力

平衡

抬头挺胸

双臂侧平举

腹部收紧

游戏规则

孩子在游戏中 在家长的协助下，左、右脚各踩在一个BOSU球上，挺胸抬头，腹部收紧，双臂侧平举。在身体平衡的条件下保持这个动作15秒。

家长在游戏中 全程保护孩子的安全。

游戏变化

当孩子可以熟练完成动作后，家长可以发出口令，让孩子完成新动作，如击掌、下蹲等，速度不宜过快，这样可以加强对孩子稳定性和协调性的训练。

要点提示

01 家长扶着孩子站稳后，再放开手臂，但仍需要在一旁保护，防止孩子摔下来受伤。

02 孩子尽量保持腹部收紧，双臂侧平举，以保持身体平衡。

03 孩子穿平底鞋，防止崴脚。

04 家长选择大小合适的BOSU球，避免孩子的双腿过度张开。

精准摸锥桶

训练能力

敏捷　　走跑

双膝微屈

4　1　2　3

💡 **要点提示**

01 孩子在移动时，不要转身，两只脚不断前后、左右移动，这样移动起来更加迅速；注意安全，不要摔倒。

02 为了保证孩子的安全，家长可以将锥桶固定在地上，还要控制好发口令的节奏。

03 孩子要穿不易打滑的鞋子进行游戏。

游 戏 规 则

准备　在地面放置4个分别贴上了数字1～4的锥桶，并将其摆成"T"字形。

孩子在游戏中　站在4个锥桶中间，背部挺直，挺胸抬头，膝盖微微弯曲，根据家长的口令迅速摸相应的锥桶；一定要确保触碰到锥桶，但不能将其碰倒。

家长在游戏中　向孩子发出"1""2""3""4"的口令。

游戏变化

当孩子能熟练完成动作后，家长可以连续说出多个数字，让孩子记住后凭借记忆按顺序摸锥桶，这样可以很好地锻炼孩子的记忆力。

两人绕圈后精准投掷

训练能力

敏捷　投掷

①

②

③

游戏规则

孩子在游戏中　先绕着呼啦圈快走，然后根据家长的口令，与家长背对背贴紧移动到2米外的沙包处并将其捡起；再与家长背对背移动到投掷盆附近，然后将沙包扔到盆内。

家长在游戏中　绕着呼啦圈快走，之后发出相应口令，并与孩子以背对背的姿势移动到沙包处，并指导孩子完成投掷。

要点提示

01 家长和孩子背对背移动时，家长可以用手扶住孩子肩部，进行保护。

02 家长和孩子的步伐、下蹲时机要一致。

03 绕圈快走时，家长注意控制速度，不要过快使孩子头晕摔倒。

游戏变化

根据孩子的完成情况，家长可以改变呼啦圈和沙包的距离及相对位置，增强游戏的挑战性。

背靠背绕圈后精准投掷

训练能力

敏捷　投掷

1

步伐一致

要点提示

01 家长和孩子背对背移动时，身体要贴紧，步伐要一致。家长可以用手扶着足球，必要时可以微屈膝，降低自身高度。

02 注意转圈时要防止被呼啦圈绊倒，双方都应控制好步伐与节奏。

03 家长可以稍微用手扶住孩子，防止摔倒。

2

游戏规则

准备　在距离呼啦圈3米处设置两个空盆。

孩子在游戏中　和家长背靠背夹一个足球绕呼啦圈转圈，听到家长的口令后，与家长同时下蹲，拿起沙包扔向目标盆内。在拿起沙包之前，足球不能掉落。

家长在游戏中　和孩子背靠背夹一个足球绕呼啦圈转圈，发出相应口令后，与孩子同时下蹲拿起沙包扔向目标盆内。

游戏变化

根据孩子的能力，家长可以调节转圈的速度与时间，也可以调整投掷沙包的距离与沙包的重量。

圈内躲避沙包

训练能力

敏捷

不能移出呼啦圈

要点提示

01 家长扔沙包不可太过用力，并且要注意孩子躲避时周围的环境，防止孩子摔倒。

02 孩子在躲避时要注意，不要被呼啦圈绊倒，控制好步伐与节奏。

03 家长选择适宜大小的呼啦圈。

游戏规则

孩子在游戏中 站在呼啦圈内，通过脚步前后、左右的快速移动，配合上半身的动作，躲避家长投来的沙包，同时不能移出呼啦圈。

家长在游戏中 站在距离呼啦圈1.5米外，向孩子的膝关节以下部位扔沙包。

游戏变化

根据孩子的能力，家长可以调节扔沙包的速度与投掷距离。如果孩子能够控制好力度，可以让孩子来扔沙包，家长躲避。注意，不要让孩子随意进行投掷。

接沙包后精准投掷

训练能力

敏捷　　投掷

不离开呼啦圈

要点提示

01 孩子保持背部挺直，不要含胸驼背。集中注意力，接不到沙包时要注意躲避。

02 家长可以变换投掷沙包的方向，但要注意控制力度，不要砸伤孩子。

03 孩子在躲避过程中不要被呼啦圈绊倒。

游戏规则

孩子在游戏中　站在呼啦圈内，面对家长投掷的沙包，不能让沙包碰到身体，只能用手接住沙包；如果接不到要及时躲避。接到沙包后，要将沙包投入目标盆内。游戏过程中，始终不能离开呼啦圈。

家长在游戏中　站在距离呼啦圈1.5米外，向孩子投掷沙包。

游戏变化

家长可以变换投掷沙包的高度和速度，但要注意控制力度，保证孩子的安全。

连续蛙跳

训练能力

敏捷　　跳跃

双臂迅速前摆

伸展髋、膝、
踝3个关节

游戏规则

孩子在游戏中 双脚分开呈半蹲姿势，上半身微微前倾，双臂放在身后呈预备姿势。之后双腿用力蹬地，充分伸直，同时双臂迅速前摆，向前上方跳起，然后用全脚掌着地，并屈曲膝盖缓冲，向前连续做蛙跳动作。视孩子的能力和体力情况，以3～5次为一组。

💡 **要点提示**

游戏变化

当孩子能熟练完成动作后，家长可以让孩子在完成一次蛙跳后向上跳起，双手在头顶击掌，这样可以更好地锻炼孩子的腿部力量。家长要控制好动作次数，保证孩子动作的标准性和安全。

01 孩子尽量不要含胸驼背。双脚分开，略比肩宽，再摆臂、收腹、下蹲。这样可以让身体更加稳定。

02 跳跃时，要充分伸展髋、膝、踝3个关节，并保持身体稳定。

03 重心不要过分靠前，防止重心不稳摔伤。

04 进行此项游戏的时间和频次不宜过长、过密，可以先做其他游戏，充分热身后再进行此项游戏。

带沙包前滚翻

训练能力

翻滚　投掷

1

保护头部

2

要点提示

01 掌握前滚翻的要领，不要利用脖子支撑，也不要含胸驼背，注意保护头部安全。

02 初期要在较软的地方进行游戏，并且一定要在家长的保护下进行练习。

03 前滚翻完成后，等孩子站稳再进行投掷。

游戏规则

孩子在游戏中单手拿住沙包，然后手握沙包进行前滚翻，按照头顶—头的后部—肩部—背部—腰部—臀部的顺序依次着地。翻滚完起立站稳后，向目标区域投掷沙包，沙包投到目标区域算完成一次动作。

游戏变化

根据孩子的完成情况，家长可以调整沙包的大小和重量；也可以让孩子进行多次前滚翻；或者前滚翻后完成一些其他动作，例如向上跳跃、原地旋转等。

勇敢仰翻

敏捷　　跳跃

1

双臂自然摆动

2

腹部发力

控制合适距离

要点提示

01 该游戏要在柔软的垫子上进行。

02 障碍物不能有棱角，应使用较软的靠枕或被子。家长用手固定住大障碍物，防止其移动，这样可以保护孩子。

03 翻倒时家长在孩子一侧保护孩子，防止孩子磕伤，并增加缓冲。

游戏规则

准备 在空地放置靠枕等较小的障碍物，再放置一床叠好的被子等较大的障碍物。

孩子在游戏中 跨过较小的障碍物，然后转身，身体后仰，缓慢翻倒在较大的障碍物上。

游戏变化

家长可以交替摆放障碍物，并根据孩子的能力，调整它们的间距和大小等，让游戏更加具有挑战性。

前滚翻过呼啦圈

训练能力

翻滚

保护头部

要点提示

01 头部与颈部不要支撑，要注意保证头部和颈部的安全。

02 前滚翻时，双手撑地，重心前移，双腿蹬直离地，同时屈膝、低头、含胸、提臀，依次经头顶、头的后部、肩部、背部、腰部、臀部向前滚动，这样可以有效防止受伤。

03 应选用较大尺寸的呼啦圈，方便孩子钻过去。

游戏规则

孩子在游戏中　用前滚翻的动作钻过竖起的呼啦圈，翻滚过程中尽量不要触碰呼啦圈，如果碰到就要重新做前滚翻。

家长在游戏中　在空地上将呼啦圈竖起，并要时刻注意孩子的安全。

游戏变化

当孩子能熟练完成动作后，家长可以在游戏中加入第二个呼啦圈，让孩子连续进行前滚翻。注意，要让孩子的动作尽可能标准且连贯。在熟练掌握前滚翻动作后，再进行该项游戏。

翻滚跨越障碍

训练能力

敏捷　　翻滚　　跳跃　　钻爬

1

保护头部

2

3

要点提示

01 要注意前滚翻动作的标准性，头部不要支撑，注意重点保护头部和颈部。

02 注意保证爬行和跳跃时的安全，以防肌肉拉伤。

03 前滚翻后，家长注意让孩子保持稳定后再往前爬行，防止撞到栏杆。

04 栏杆高度不宜过高，防止孩子在跳跃时绊倒。

游 戏 规 则

准备　在距离起点1米处设置小栏杆，在小栏杆前放置一个球。

孩子在游戏中　在小栏杆前做一个前滚翻，然后拿起球开始爬行。穿过小栏杆，到达另一侧后快速起身并转身，双脚同时起跳，跃过小栏杆回到起点。

游戏变化

当孩子能熟练完成动作后，家长可设置数个小栏杆，增大游戏难度，但要根据孩子能力和体力适量增加；回程时，可以不带球返回，以降低难度。

侧滚翻过障碍

翻滚

要点提示

01 注意滚动方向，防止磕伤。

02 家长可用绳子替代限高物，防止磕伤。

03 先让孩子熟悉运动模式，再握住沙包进
行运动。

游 戏 规 则

孩子在游戏中　双手握住沙包，肩部、
腹部同时发力进行侧滚翻，翻滚穿过标
志杆，但不能碰到标志杆，沙包也不能
掉落。

游戏变化

当孩子能熟练完成动作后，家长可以让孩子在侧滚翻之后进行"寻宝""投掷沙包"等游
戏，提高游戏的难度，并增强其综合性和趣味性。

保持平衡击球

训练能力

敏捷　平衡

保持平衡

游戏规则

孩子在游戏中　站在一个小矮凳上，腹部收紧，双脚略微分开。在保持身体稳定的前提下，用拍子击打家长扔来的球。

家长在游戏中　站在距离孩子1米远的地方，向孩子投掷球。

要点提示

01 家长要提醒孩子控制好挥拍动作的幅度，动作不宜过大，同时保持重心稳定。

02 孩子应尽量保持腹部收紧，保持身体平衡。

03 在开始时，家长可以投掷较轻的物品，等孩子熟练掌握动作后再换成球，防止孩子受伤。投掷速度不宜过快，防止砸伤孩子。

04 要选择不高且稳固的凳子，防止孩子摔倒。

游戏变化

当孩子可以熟练完成动作后，家长可以和孩子互换，由孩子站在小矮凳上扔球，家长挥拍击打球。但是家长一定要注意孩子的安全，要保护好孩子，避免孩子受伤。

两人传球

训练能力

敏捷

肘部微屈

💡 要点提示

01 家长应努力控制落球点，尽量让孩子顺利接住球，尽可能不让球掉落在地面上，不然球弹起可能会砸伤孩子。

02 家长应注意提醒孩子在击打球时控制力度，以免伤到他人。

03 选择大小适合的球拍，方便孩子控制球拍接球。

游戏规则

孩子在游戏中　与家长面对面站立，双脚分开，与肩同宽，拿着球拍的手的肘部微屈。用球拍把家长打来的球打回去。

家长在游戏中　在距离孩子1.5米远的地方，与孩子面对面站立，和孩子交替来回击打球。

游戏变化

当孩子能熟练完成动作后，家长可以从不同角度给孩子抛球，让孩子用球拍接到球之后进行颠球，这样可以很好地锻炼孩子的接球和颠球能力。

快乐寻宝

训练能力

敏捷

要点提示

01 孩子握住球拍时，食指的指节要和握柄上方的棱面接触，很自然地将虎口握在手柄侧方。这样可以防止手腕受伤。

02 家长要注意扔球的力度，并且要让孩子控制击球时的力度，以免网球砸伤人。

游戏规则

孩子在游戏中 用球拍击打家长扔来的网球，成功击回球且家长接住击回的网球算作成功。每次成功可获得一次翻开小盆的机会，直到找到沙包为止。

家长在游戏中 在地上反扣3个小盆，在其中一个盆内藏一个沙包，然后向孩子扔网球，再尽量接住孩子打回来的网球。

游戏变化

当孩子可以顺利击球后，家长可以让孩子将击球动作改为连续颠球，在到达一定的次数后，孩子可以翻开小盆"寻宝"。

过桥后背对背运球

训练能力

平衡　　钻爬

要点提示

01 孩子在平衡木上半蹲行走时，应保持背部挺直，不要含胸驼背，以帮助保持身体平衡。

02 背对背夹球时，家长与孩子要同时用力，家长可以用手扶着球，保证球不掉落。如果家长和孩子身高差距过大，家长可以适当蹲下。

03 孩子下蹲行走时，家长注意控制孩子行走速度，防止摔倒。

游戏规则

孩子在游戏中　在平衡木上半蹲行走，钻过呼啦圈，不能触碰呼啦圈。走到终点后，和家长背对背夹住一个球，在平地上走回起点。

家长在游戏中　在平衡木上竖一个呼啦圈，等孩子钻过呼啦圈走到终点后，与孩子背对背夹一个球，在平地上走回起点。

游戏变化

当孩子可以控制力度后，家长可以规定在背对背夹球移动时，两人的手都不能触碰球，以增加游戏的难度。

出击与躲闪

训练能力

敏捷

①

手臂伸直

②

双脚前后开立

💡 **要点提示**

01 孩子双脚自然地前后开立，背部保持挺直，身体带动发力；出拳时手臂伸直，防守时双手护住头部，以防受伤。

02 家长向孩子进攻时，速度要慢，让孩子能躲开，不然孩子容易受伤。

03 家长要选择大小合适的拳击手套，充分保护孩子双手。

游戏规则

孩子在游戏中 双脚前后开立，双手佩戴拳击手套，手臂伸直。先左右依次出拳击打家长，在家长攻击时再抱头躲开，至此，完成一次游戏。

家长在游戏中 和孩子面对面站立，佩戴拳击手靶，并用拳击手靶缓慢向孩子进攻。

游戏变化

当孩子能熟练完成动作后，家长可以引导孩子练习左右摆拳、上下勾拳等动作，拓展孩子拳击方面的知识，并提高其技术水平。